写给孩子的
自我管理课

徐俊 边铁◎著

应急管理出版社
·北京·

图书在版编目（CIP）数据

写给孩子的自我管理课/徐俊，边铁著．--北京：应急管理出版社，2021

ISBN 978 – 7 – 5020 – 7777 – 8

Ⅰ.①写… Ⅱ.①徐… ②边… Ⅲ.①自我管理—青少年读物 Ⅳ.①C912.1 – 49

中国版本图书馆 CIP 数据核字（2021）第 053206 号

写给孩子的自我管理课

著　　者	徐　俊　边　铁
责任编辑	高红勤
封面设计	久品轩
出版发行	应急管理出版社（北京市朝阳区芍药居 35 号　100029）
电　　话	010 – 84657898（总编室）　010 – 84657880（读者服务部）
网　　址	www.cciph.com.cn
印　　刷	三河市金泰源印务有限公司
经　　销	全国新华书店
开　　本	880mm×1230mm $^1/_{32}$　印张　7　字数　128 千字
版　　次	2021 年 6 月第 1 版　2021 年 6 月第 1 次印刷
社内编号	20201261　　　　　　　　　　　定价　42.80 元

版权所有　违者必究

本书如有缺页、倒页、脱页等质量问题，本社负责调换，电话:010 – 84657880

前言
Preface

人性中天然就存在着很多的劣根性：懒惰、软弱、放纵、骄傲、贪婪……所谓成长，除了身体从稚嫩到成熟的转变之外，更重要的就是人性在自我管理中的蜕变。这是每一个孩子从幼小到成熟的必经之路。

作为父母长辈，在孩子成长的过程中，我们能送给他们最好的礼物，就是教会他们如何进行自我管理，与自身的劣根性做斗争。毕竟人生的路终究是需要自己一个人去走的，父母可以给予孩子爱与呵护，却不可能为他们的一生去负责。

所以，在孩子年幼时，应送他们这样一本书——

教他们学会自律，懂得敬畏规则，在约束自己言行的同时，认真地为自己的人生做出规划，并一步步坚定不移地走到终点，实现目标。

教他们学会自强，学会依靠自己的努力，去争取自己

的人生，而不是总把希望寄托在别人身上，把未来交给别人去主宰。

教他们学会自学，明白知识文化的重要性，明白学海无涯、学无止境的道理，并从不断的学习中获取源源不断的力量，成为有知识、有文化的人。

教他们学会自制，懂得节制欲望、控制欲望，能够对身边的一切诱惑说"不"，并在人生道路上找到自己真正想要的东西，不忘初心，方得始终。

教他们学会自信，相信自己，勇于拼搏，不因自卑而畏缩，也不因自大而盲目，而是在了解自己、相信自己的基础上，用最认真的态度去面对人生的一切风雨。

教他们学会自谦，不为一时取得的成绩而骄傲自满，不因一时获得的成功而沾沾自喜，停滞不前。

教他们学会自爱，不为任何人或任何事看轻自己、贬低自己，也只有真正懂得自爱的人，才能真正收获别人的尊重与友爱。

教他们学会自勉，即便陷入人生的低谷，也能靠自己的力量，重新站起来，为自己构建更辉煌的未来。

而这也是笔者《写给孩子的自我管理课》中最重要的内容，是送给孩子的最珍贵的礼物。愿每一个孩子都能在成长的过程中有所收获，让人性在自我管理中实现蜕变，成为真正优秀的人。

作者
2021 年 4 月

目 录
Contents

第一课

自律——孩子，所有优秀背后都有苦行僧般的自律

1. 那些极度自律的孩子，后来都怎么样了 2
2. 越自律的孩子，越优秀得超乎大家想象 5
3. 孩子，你现在有多自律，将来就有多自由 9
4. "棉花糖实验"：为什么很多孩子做不到自律 12
5. 要想将来有出息，请现在开始做好自我管理 16
6. 向爸妈寻求帮助，更容易成为自律的孩子 20
7. 做到这三件事，每个孩子都能自律 24

第二课

自强——反抗你的依赖本能，不要对别人永远抱着奢望

1. 孩子，自己能做的事，不要推给别人 30
2. 遇到问题与困难，自己先想办法解决 33

3.长辈们讨论一些问题时,你可以试着发表看法......37
4.孩子,有没有伞,你都应该努力奔跑......40
5.自强的孩子,从不满足现状,贪图安逸......44
6.自强的孩子,敢于犯错,愿意"为自己的行为买单"......47
7.自强的孩子,会一点点地脱离爸妈羽翼的庇护......51

第三课

自学——掌握高效学习方法,你也能考上北大清华

1.为什么有些孩子很勤奋,学习成绩却一般......56
2.为什么学习成绩优异的孩子,往往"全能优秀"......59
3.学习成绩优异的孩子们都有一个共同秘诀......62
4.无效的努力,远比懒惰更可怕......66
5.成绩好的前提是,找到适合自己的学习方法......69
6.不必废寝忘食就能成绩优异的一些秘诀......72
7.请成为一名高效自学的孩子......76
8.善于高效学习,受益一辈子......79

第四课

自制——你之所以表现不好,是因为自制力不强

1.自制力强的孩子,学习成绩都很优异......84
2.自制力越强的孩子,越容易活出最想要的样子......86
3.自制力强的孩子,都会成为真正强大的人......90
4.自制力强的孩子,有两个显著特征......92

5.小心！切勿因一时的放纵，让自己抱憾终生..................95

6.管好自己的脾气，终会成就一番大事..................98

7.从这几方面努力，做自制力强大的人..................101

8.找长辈监督自己，能更快提升自制力..................104

第五课

自信——摆脱自我怀疑，自信的孩子了不起

1.信心满满的孩子，去到哪儿都招人喜欢..................110

2.自信，孩子未来成功的基石..................113

3.越自卑的孩子，能力与潜力越难发挥..................116

4.成为"稳定型高自信"的孩子..................120

5.越成功就越自信，越自信就越容易成功..................123

6.自信心不断强大，离不开父母的帮助..................125

7.很多成功者都在用的一种迅速提升自信心的方法..................130

第六课

自谦——不知自我无知，那便是双倍的无知

1.谦虚的孩子人见人爱..................136

2.谦虚的孩子更懂事，更善于自我管理..................138

3.谦虚的孩子乐于接受批评，更容易进步..................142

4.谦虚的孩子更容易得到师长的帮助..................147

5.理解并用好"中国式谦虚"，不做虚伪的孩子..................151

6.让你的谦虚传递给别人真诚与善意..................154

7.做好这四点，就能成为自谦的人……………………… 157

第七课

自爱——如果自由流于放纵，内心的魔鬼就会乘机侵入

1.懂得自爱的孩子，更容易受人疼爱……………………… 162
2.自爱是互惠互利，自私是损人利己………………… 165
3.为什么越来越多的孩子不懂得自爱……………………… 168
4.要自爱、自尊，不做过于自恋的孩子……………………… 172
5.孩子，别以不自爱伤了父母的心…………………………… 174
6.从小开始，做一个珍惜人格、爱护尊严的人……………… 177
7.让父母提醒自己要自尊自爱……………………………… 180
8.懂得自爱的八种表现，每个人都应该做到………………… 184

第八课

自勉——将来的你，一定会感谢现在拼命努力的自己

1.能不断自勉的孩子，总能创造奇迹……………………… 190
2.靠别人打气才能前进的孩子，很难"走得远"……………… 193
3.每个成绩优异的孩子，都一定很努力……………………… 196
4.从小养成自勉的习惯，成就精彩人生……………………… 199
5.成长路上，能一直鼓励你的，只有你自己…………………… 202
6.逐渐不依赖父母长辈对自己的鼓励………………………… 205
7.抓住勉励自己屡创佳绩的关键……………………………… 207
8.想成为善于自勉的孩子，先做到这四点…………………… 211

第一课

自律——孩子，所有优秀背后都有苦行僧般的自律

> 如果你认为学校里的老师过于严厉，那么等你有了老板再回头想一想。
> ——比尔·盖茨

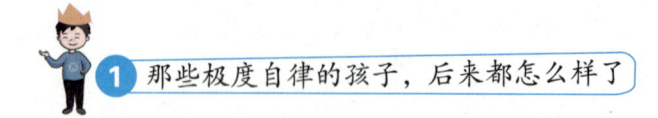

1 那些极度自律的孩子，后来都怎么样了

很多人都知道，英国的学校分为公立学校和私立学校。英国公立学校有政府预算、各种补助，学生有免费的早餐，学费很便宜。通常英国大部分学生上的都是公立学校，俗称"平民教育"。

英国私立学校运营资金的主要来源是捐赠和学生学费，所以学费非常昂贵。但英国的私立学校世界闻名，走的是精英教育路线，英国皇室成员、多位首相以及许多名人都是从英国私立学校毕业的。

为什么上私立学校的学生会更容易取得成就？我们从BBC（英国广播公司的简称）的一部纪录片《交换学校：阶级分化》里，可以找到一些答案。

在《交换学校：阶级分化》这部片子里，有人做了一个实验：从公立学校和私立学校分别找了一组孩子，让公立学校的这组孩子到私立学校去学习，让私立学校的那组孩子到公立学校去学习，时长为一周。

记者对这些孩子都进行了采访。通过孩子们的一些回答，我们发现了公立学校和私立学校完全不一样的生活。

例如，就读于公立学校的学生，过的是这样的生活：每天早上8点钟起床，9点左右到学校上课，下午3点放学回

第一课
自律——孩子，所有优秀背后都有苦行僧般的自律

家。老师通常都不会布置家庭作业，所以，学生回家后一般就是小伙伴们一起玩，或者自己在家打游戏、上网、睡大觉。

私立学校的孩子则过着完全不一样的生活：每天6点半起床，洗漱，吃完早餐，然后就去学习，下午5点钟放学。孩子们每天都有做不完的事，除了作业，还有各种各样的课外活动。

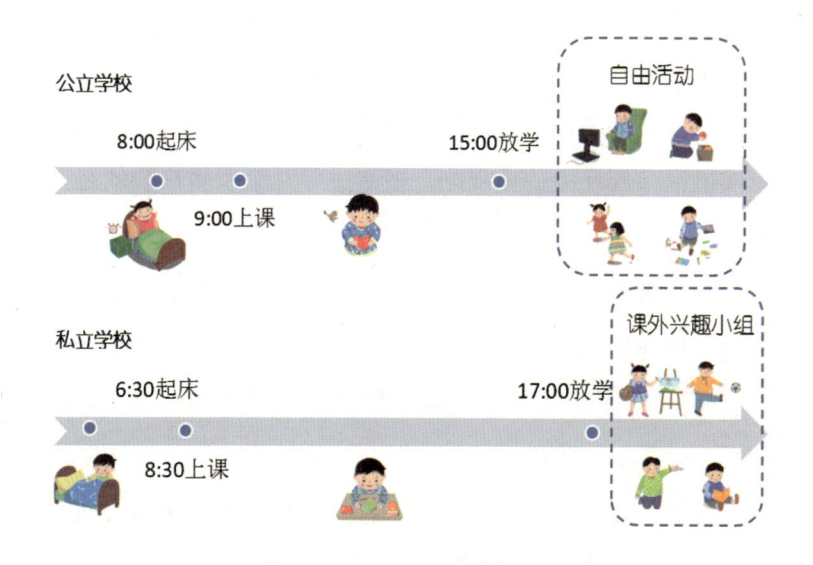

图1-1 公立学校与私立学校学生生活对比

谈到对各自学习生活的看法时，公立和私立学校的孩子，都表示对自己的学习生活很满意。公立学校的孩子说，自己生活得很快乐，每天都无忧无虑的，有很多游戏可以玩。

私立学校的孩子则认为，虽然每天的学习任务繁重，课外还要进行各种体育锻炼，参加各种活动，但自己非常感激这

样的生活。更重要的是，学校的严格要求，让自己养成了自律和刻苦的习惯。

相信大家已经从上述内容看出，英国公立学校和私立学校毕业的孩子，为什么后来的人生差距会越拉越大。其中一个很重要的原因就是，孩子是否自律。自律的孩子，人生之路越走越开阔，未来的前程越来越美好，成就越来越大；不自律的孩子，人生之路越走越窄，未来的前程越来越渺茫，活得越来越平庸。

女演员孙俪，相信大家对她都不陌生。自出道以来，她出演过很多部优秀的电视剧，塑造过好几个家喻户晓的经典形象。

孙俪曾感慨道："我觉得机会让你得到了，这还不完全属于你；只有你做好了，站在舞台上的那一刻，它才真正属于你。"要"做好"，靠的只能是"数年如一日"甚至"数十年如一日"的自律和努力。

那些极度自律的孩子，后来都怎么样了？答案是，他们后来都在各自不同的领域取得了优异的成绩，收获了巨大的成就。因为付出终会有所回报，自律终将收获成功。所以，孩子，如果你也想在学习上不断取得优异的成绩，成为大家羡慕的"学霸"，请从现在开始，做一个极度自律的人。只有成为一个极度自律的人，日后才有机会取得更多的成就。

第 一 课

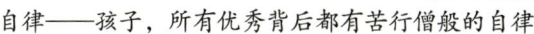

自律——孩子，所有优秀背后都有苦行僧般的自律

2 越自律的孩子，越优秀得超乎大家想象

作为学生，谁不想考试成绩优异？成绩好，老师夸，爸妈赞，同学们羡慕，这是多么快乐的事啊！当自己因为成绩突出而站在领奖台上时，是多么地有自豪感和成就感啊。然而，要想获得这样的快乐、自豪感和成就感，就必须每天都坚持努力付出。怎么才能坚持每天都努力付出呢？答案就是——自律。

有个女孩问妈妈："妈妈，刘小绢穿的那条裙子真好看，你也带我去买一条吧，好不好？"妈妈答应了她的请求，并带她去了卖那款裙子的商场。

然而，当这个女孩开始试穿裙子时，她才发现自己穿起来并不好看。因为刘小绢身材匀称结实，裙子穿在她身上，看起来挺好看。但她不一样，她不喜欢运动，又爱吃美食，虽然说不上肥胖，但身上的肉总有种软趴趴的感觉，穿上这样的裙子，反倒显得有些臃肿。

很多人可能不知道，衣服穿到自己身上是不是好看，除了衣服本身，身材也同样重要。小小年纪的女孩，原来并不明白这样的道理，通过试穿裙子，跟刘小绢穿裙子的样子比较，她就明白了。最后，她没有买裙子，而是问妈妈，为什么不把自己生得像刘小绢那样好看呢？

图 1-2　美裙与美食，孰美

妈妈听了她的话后，先是哈哈大笑，然后说："孩子，刘小绢穿这条裙子好看，是因为她经常运动，饮食健康，所以身材匀称，看上去健康又有活力，配上这种运动风的裙子，就显得特别亮眼。如果你也想像刘小绢那样，那就得把你的零食、饮料都戒掉，好好运动，让身体健健康康、结结实实，那么你穿这款裙子也会非常漂亮了！现在告诉妈妈，你想不想变得像刘小绢那样漂亮呢？"

她说："我想，我可喜欢这条裙子了，我想穿上和刘小绢一样好看！"

之后，为了能穿上好看的裙子，她听从妈妈的建议，忍住零食和饮料的诱惑，每天多做运动。一段时间后，她整个人

第 一 课

自律——孩子，所有优秀背后都有苦行僧般的自律

看上去都变得容光焕发起来，身材也变得匀称结实。而妈妈早就把那款裙子买来了，拿出来时，她高兴得跳了起来。

谁会不想张大嘴巴、敞开肚皮，尽情地品尝美食，然后再往沙发上一靠，懒洋洋地挺着肚皮？但是如果你想拥有健康的身体、匀称的身材，想穿上漂亮的衣服，那么就必须能抵抗住美食的诱惑，拥有坚持运动的毅力和自律。你越自律，越能把好看的衣服穿到身上；越不自律，就越容易成为美食和懒惰的俘虏，最终失去美丽与健康。

图 1-3　自律成就人生

可能现在看来，那些自律的孩子似乎过得很苦、很累、很忙，但这种不断的付出，是能在未来收获巨大回报的。这就像那些"学霸"，每天不需要任何人的监督、要求，自己就能很自律自觉地努力学习。因为他们知道，现在付出的辛苦，就像种下了一棵果树，只要现在好好地对待这棵果树，几年之后，果树就会开花结果，自己就能不断地收获丰硕的果实，如

7

考上名牌大学，如去更高的平台开阔眼界，如可以结交更多优秀的朋友，如可以向水平更高的师长请教学习。

陕西有位叫吴治保的农民，他的5个孩子全都成了高才生，其中4人考上了清华大学或者北京大学，最小的女儿就读的虽然不是清华、北大，却也是一所名校。

为什么他们能做到"一门四清华（北大），五子皆才俊"呢？秘诀就是深到骨子里的自律。从上学的第一天开始，这几个孩子便每天早上天还没亮，就摸黑起床，迅速地洗漱完，然后在灯下学习。假期与周末，他们至少要抽出半天时间与父母一起劳动。

五兄妹能如此自律，是因为他们很早就约定：每个人都一定要考上清华或北大。于是，大家都十分自律，努力地学习。而且，他们的学习成绩一直都非常优异。最终，除了最小的妹妹，其他人都考进了清华、北大。但是，妹妹也不甘落后，下定决心要考上清华或北大的研究生。

知识改变命运，自律成就人生。自律不但能让你自己不断取得优异的学习成绩，考进最理想的学府，收获最期待的回报，还能改变家族的命运。深到骨子里的自律，能让你活出你最想要的人生。

越是自律的孩子，往往越优秀得超乎大家的想象。因为他们始终都明白，自己应该做什么，不应该做什么。他们总能够一往无前，朝着既定的目标坚定不移地走下去，拒绝一切诱

第 一 课
自律——孩子，所有优秀背后都有苦行僧般的自律

惑，直至成就精彩人生。

3 孩子，你现在有多自律，将来就有多自由

作为一名学生，谁不希望考出一个优秀的成绩，将来考上一所顶尖的大学？然而，这并不是一件容易的事。你希望将来能够考上名牌大学，现在就必须付出比别人更多的努力。如果你在学习上总是只有"三分钟热度"，今天想学习了就伏案学习几个小时，明天不想学习了就跑出去玩半天，那么又凭什么奢望将来可以考上心仪的大学呢？

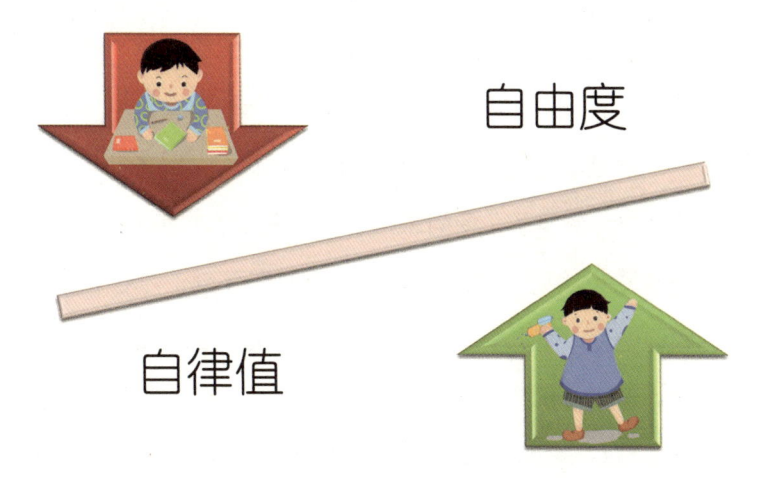

图1-4 今天有多自律，明天就有多自由

一个人，只有站得越高，让自己变得越优秀，将来才会拥有越多的选择机会，这是亘古不变的道理。

如果今天你不能约束自己，那么或许现在你过得很轻松、

很自由、很快乐，但这种轻松、自由、快乐，都是建立在父母养育你且衣食无忧的基础上的。假如你一直过着这种不自律的生活，不努力学习，每天在玩闹中浪费自己的大好时光，那么等进入社会以后，你就会真正明白，什么叫作艰辛，什么叫作无奈。

父母能照顾孩子一时，却不可能养活孩子一辈子。人生的路那么长，以后怎么走，最终还是要靠自己。

小明上小学时，由于学习不努力，没能考上重点中学，只去了一所普通中学。初一寒假时，几个小学时的同学约好了一起玩。小明也想跟他们一起玩。没想到，有一位小学同学居然跟他说："我们都是重点中学的学生，不想跟你这个普通中学的学生一起玩。"

小明一听，非常生气，就没跟他们去玩。后来，爸爸看到小明气鼓鼓的样子，便问怎么了。他说出了生气的原因。

爸爸跟小明说："他们这样说，是他们不对。不过，我以前也跟你说过，能上一所好学校，是非常重要的。可是你没听我的话。当然，我希望你考上好学校，并不是因为这样你就能和学习成绩好的同学一起玩，而是因为如果你现在不努力学习，将来还会遇到很多让你生气，但又无可奈何的事。你如果现在不让自己变得优秀一点儿，以后你不仅没有选择和谁一起玩的自由，甚至在很多事情上，你都没有选择的自由。"

小明不解地问："难道我越努力，就越有选择的自由？"

第一课

自律——孩子，所有优秀背后都有苦行僧般的自律

爸爸说："在大多数事情上确实如此。比如，如果你考初中时，考试成绩全市第一，那么你想上哪所初中都可以，这就是一种自由。但是，你的考试成绩连重点初中的录取分数线都没达到，就只能上普通中学，你没有选择的自由。"

小明又问："爸爸，我以后想考上名牌大学，现在努力还来得及吗？"爸爸说："来得及，只要你现在开始规划好时间，努力学习。而且，你一定要养成自律的好习惯。前期我可以帮助你，监督你。当你真正做到自律后，你会发现，越自律，越优秀，也就越能自由地选择。"

小明按照爸爸说的做了。五年以后，他如愿考上了北京大学。

现在有多自律，将来就有多自由。这种自由，主要体现在选择权上。你越懂得自律，就能让自己变得越优秀；当你越优秀时，你就越拥有选择的主动权和余地。

德国哲学家康德说过，所谓自由，不是随心所欲，而是自我主宰。自我主宰，其实就是拥有选择的自由，就是你可以选择去做或者不做某件事。换言之，越自律，就越能自我主宰；越能自我主宰，就越自由。

所以，孩子，你要清楚，没有谁的人生是可以永远都轻松快乐的。今天的你选择放纵，那么明天的你就得承受相应的苦难；正如今天的你若选择自律，那么明天的你就会拥有更多的自由。命运是公平的，你的付出永远都不会白费，正如你的

逃避也终将难逃恶果一般。

4 "棉花糖实验"：为什么很多孩子做不到自律

"这个周末，我要早起，用一上午的时间把作业全部写完，然后下午就可以轻轻松松地休息了，顺便约朋友去趟书店……"

"这个假期的计划，我已经做好了。我要提前把下学期的功课都学完，到时候让老师和同学都大吃一惊！我还打算报个兴趣班，学钢琴或者画画……"

"我是个大孩子了，以后再也不看动画片了。我要用省出来的这段时间来背单词，把英语成绩提升一下……"

我们总是这样，许下了无数"宏愿"，给自己定下了无数"规矩"，但结果总是两个字——"真香"！

说好要用一上午完成作业的周末，浑浑噩噩地就把日子混到了下午；说好安排得井然有序的假期，快接近开学才反应过来什么事情也没做；说好要用来背英语单词的时间，在"就看最后一集"的自我安慰中变得遥遥无期。

这是许多孩子每天都在经历的事情，不断地给自己定下新的"规矩"和"目标"，然后又不断地去打破它，不断地给自己找借口，原谅自己一次又一次的"失约"行为。

斯坦福大学的沃尔特·米歇尔（Walter Mischel）博士曾在 20 世纪 60 年代开启了一项著名的心理学实验，人们称其为

第一课
自律——孩子，所有优秀背后都有苦行僧般的自律

"棉花糖实验"。参加这项实验的孩子一共有600名，年龄均在4岁到6岁之间，都就读于斯坦福大学的附属幼儿园。

在这项实验中，米歇尔博士在每个孩子面前都放了一块棉花糖（或者别的零食，如巧克力、曲奇饼等），并告诉他们，只要能坚持15分钟不去碰这块诱人的棉花糖，那么15分钟之后，他们将额外再得到一块棉花糖作为奖励。定下这一规则之后，米歇尔博士就离开了，而房间里的一台隐藏摄像机则记录下了博士离开之后的事情。

图1-5 "棉花糖实验"

在这15分钟的等待里，有的孩子一开始就果断地吃掉了

棉花糖，似乎根本不在意博士说的奖励；有的孩子则想尽办法来转移自己的注意力，却总是忍不住去看，或者用手指戳棉花糖；还有的孩子则偷偷地用舌头去舔，或者在边缘咬下一点点的棉花糖，希望博士不会发现自己的小动作。最终，只有大概三分之一的孩子按照博士定下的规矩，坚持15分钟没有去触碰棉花糖。

数年后，米歇尔博士的研究小组回访了这群参加实验的孩子。他们发现，当初顺利地坚持了15分钟的孩子，普遍具有更好的人生表现，比如拥有更好的成绩、更健康的身体以及更多的自信等。

当然，这并不意味着那些坚持不了15分钟的孩子就一定会失败，就像米歇尔博士后来接受采访时所说的："若是因为没有等待那15分钟，就认为孩子注定失败，那绝对是一个非常严重的错误。"这个实验真正要考察的，并不是最后的结果，而是参与实验的孩子们通过自主评估等待风险之后进行自主选择的一个过程。

换言之，从一开始就选择直接吃掉棉花糖的孩子，也许是从一开始就没有认同，也不打算遵守博士制定的规矩。对他们来说，与其期待未知的奖励，倒不如先把自己能得到的吃到肚子里，避免失去的风险。

那么，那些认同博士制定的规矩，并对奖励有所期待的孩子，为什么无法坚持那短短的15分钟呢？说到底，这就是因为缺乏自律。这也是许多孩子乃至成年人身上都存在的一个

自律——孩子,所有优秀背后都有苦行僧般的自律

问题。为什么会这样呢?一般来说有以下三点原因。

孩子们为什么缺乏自律性?

◆对规则缺乏敬畏
◆过度自信
◆习惯给自己找理由

许多孩子,乃至成年人都缺乏自律性!

图1-6 孩子们为什么缺乏自律性

第一,对规则缺乏敬畏。

当我们总是无法遵守自己或别人定下的规则时,只能说明一个问题,那就是我们对规则缺乏敬畏之心。因为缺乏敬畏,所以对我们来说,违反规则似乎并不是一件多么困难的事情。

第二,过度自信。

拥有自信是好事,但过度的自信未必就是好事。很多时候,我们之所以一次次轻易地违背自己制定的规则与计划,就是因为过度自信地认为,哪怕耽搁一点儿时间,我们也有足够的能力"亡羊补牢"。然而,这正是导致我们自律失败的缘由之一。

第三,习惯给自己找理由。

我们总是容易原谅自己,这是非常可怕的习惯。当我们违反规则、放弃坚持的时候,或许也曾心生愧疚,但很快,我们就会给自己找各种各样的理由和借口,原谅自己的错误。久而久之,自律自然也就无法实现。

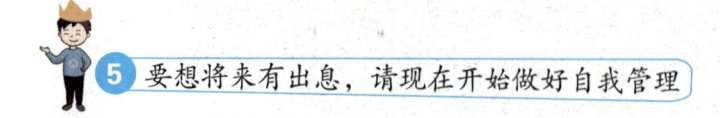

5 要想将来有出息,请现在开始做好自我管理

每次看到"学霸"卷子上的分数,我们总是艳羡不已,却又忍不住酸溜溜地嘀咕几句:"头脑聪明就是好,不像我们这些'学渣',天生不是学习的料!"

"学霸"与"学渣"之间的区别,真的是智商吗?事实上,除了那些智商极高或极低的人之外,普通人之间的智商差距是很小的。我们与"学霸"之间真正的差距,更多的是自律性方面的差异。

某市高考状元在接受采访时,披露了自己高中时期的"作息时间表"。从这份时间表密密麻麻的字里,人们可以看到,这位高考状元每天早上都是6点就起床,然后开始一天的学习。中间除了吃饭、睡觉、上厕所以及必要的外出和一定的锻炼之外,几乎所有时间都投入到了学习上,就连课间活动和上下学坐公交的路上都安排了诸如背公式或者背单词这样的计划。

第一课

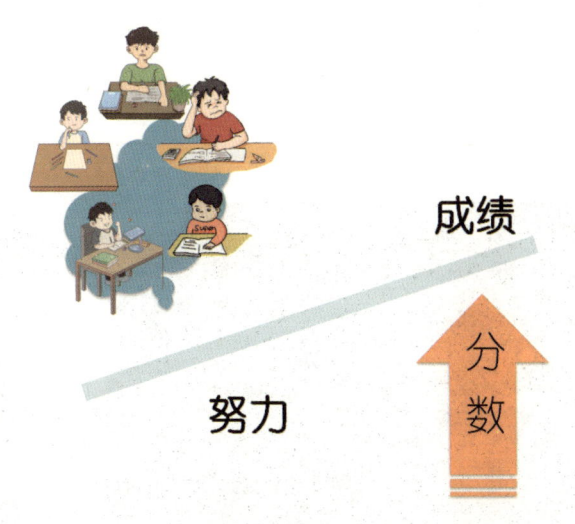

自律——孩子，所有优秀背后都有苦行僧般的自律

图 1-7 好成绩都是努力学习得来的

许多人都对这份时间表感到惊叹不已。在此之前，他们都以为，那些能够考上清华、北大的学霸，必然都是头脑聪明、过目不忘的。他们一定有着过人的天赋，轻轻松松就能学会别人怎么努力都搞不清楚的知识点。他们的人生就像开了"挂"，注定与众不同。

然而事实上，哪有什么轻轻松松、随随便便的成功呢？每一份璀璨的辉煌背后，都是由努力和汗水撑起的。那些出类拔萃的人，之所以能够活得与众不同，是因为他们拥有超越常人的自律和高于常人数倍的努力与付出。

所以，如果想要成功，想要将来能够有出息，现在就立即开始学会自我管理吧！要知道，机会永远都是留给有准备的人，而唯有自律的人，才能时刻做好准备，保持最好的状态，等待机会的降临。

那么，为了培养自律的习惯，我们应该如何进行自我管理呢？

图1-8 做好自我管理，培养自律的习惯

第一，养成规律的作息。

我们的大脑在一天之中的不同时段，活跃程度也是不同的。据科学研究，我们在一天之中，有四个记忆的"黄金时段"。

第一个黄金时段是早上6点到7点。这是我们大脑最清醒的时段，非常适合用来背诵。

第二个黄金时段是上午8点到10点。这时候，我们的大脑处于兴奋状态，记忆力也会比较好。

第三个黄金时段是下午6点到8点。这段时间思维比较清晰，适合用来巩固一天学习的知识点。

第四个黄金时段是晚上9点左右。这时，正值夜深人

第一课
自律——孩子，所有优秀背后都有苦行僧般的自律

静，大脑思维比较清晰，无论做题还是背书，都能取得不错的效果。

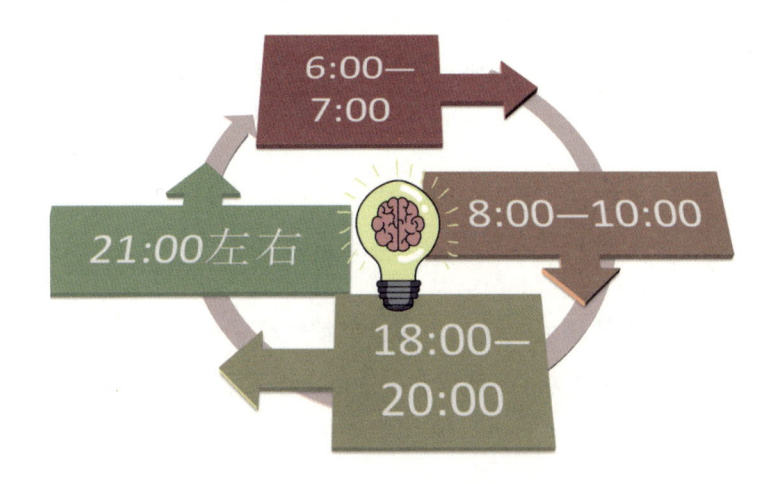

图 1-9 大脑记忆的"黄金时段"

要抓住这四个重要的黄金时段，并将其充分利用起来，我们就必须养成规律的作息习惯。而且，对于正值长身体的孩子来说，规律的作息也有助于孩子塑造强健的体魄。

第二，培养凡事做计划的习惯。

要培养自律性，就从学会做计划开始吧。做任何事情之前，都先根据自己的实际情况，做一个计划安排。然后自觉按照计划的约束，去完成每一个步骤。这个过程实际上也是一个培养自律性的过程，只要坚持下去，就一定能够成功。

第三，克服拖延，高效做事。

拖延是自律的大敌，要想成为一个自律的人，就从克服拖延开始吧。每天闹钟响起时，不要再想着"多睡5分钟"；

每次打开作业本,就立刻开始动笔;每次想到要复习,就不要再被精彩的电视节目吸引注意力……

不要给自己任何的借口和机会,去违反自己定下的计划与规则。只有克服了拖延,我们才能高效率地做事;也只有远离了拖延,我们才能真正成为一个自律的人。

6 向爸妈寻求帮助,更容易成为自律的孩子

因为突然暴发的疫情,孩子们都收获了一个非常漫长的假期。许多学校为了不耽误教学进度,都采用了上网课的形式来让孩子们学习。

我们知道,在学校上课,是有老师监管的。课堂上,如果有谁开个小差,还要担心会不会被老师点名回答问题,成绩下降更是可能被老师请到办公室"喝茶"。但上网课就不同了,少了老师的监管之后,孩子们的学习情况大多就只能靠自律。毕竟并不是所有家长都能有时间在家监督孩子的学习。

也难怪有人说,假期就是学生在学习道路上进行"弯道超车"的重要时间段。在这段时间,孩子在学习道路上能走多远,关键就取决于他的自律性。

道理,大家其实都明白,但自律习惯的培养也不是一朝一夕就能达成的。很多时候,我们在制订计划时,确实是下了决心的,但在执行计划的过程中,却总是禁不住某些诱惑而停下来。我们会懊恼,会难受,会后悔,却总是无法管束自己。这种时候,到底应该怎么办呢?

第一课

自律——孩子，所有优秀背后都有苦行僧般的自律

图 1-10 同一个世界，不同的假期

谭磊就遇到了这样的问题。已经上六年级的他正面临着小升初的大考。为了取得一个好的成绩，谭磊下定决心，要把这一年剩下的时间全部投入到学习上。可没想到，疫情的暴发彻底打乱了谭磊的计划。一开始是延长假期，后来学校为了学生们的安全，干脆直接让学生们在家里上网课。

谭磊的性子野惯了，在学校有老师监督时还好，如今没人管，就难免经受不住诱惑。他经常因为打游戏、看电视剧而忘记了上网课。

谭磊的父母在教育孩子方面一直奉行"放养"政策，给了谭磊很大的自由和信任。而谭磊虽然有些贪玩，但学习成绩一直还算不错，也没惹出什么大麻烦，所以父母对他还是比较信任的。这样一来，谭磊自己也习惯了遇到事情尽量自己解决，很少向父母求助。

可这一次，失去老师的监督之后，谭磊突然意识到，自己的自律性非常差，而这也导致他总是无法按照既定的计划来约束自己。经过一番思想斗争之后,谭磊最终还是决定,向父母寻求帮助,一方面让他们暂时"代替"老师,监督自己完成学习计划;另一方面则是帮助他培养自律的习惯。

图 1-11 向父母寻求帮助

打定主意之后,谭磊把自己的想法告诉了父母,并和父母一起商讨,重新制订了一套更适合自己的学习计划。有了父母的监督之后,谭磊即便偶尔松懈,也会立即被父母提醒。这样一来,谭磊就能够坚持按照制订的计划进行学习了。

到正式开学之后,学校为了检测学生们假期的学习情况,一开学就来了一次测验,谭磊的成绩不仅没有下降,还有了非常明显的提高。

自律习惯的培养并不是一朝一夕的事情,而我们也不是

自律——孩子，所有优秀背后都有苦行僧般的自律

生来就能有坚定的意志和超强的自我约束能力的。有时，无法抵御诱惑，并不是一件多么丢脸的事情，重要的是，我们能够吸取教训，并积极地寻求解决的办法。就像谭磊，当他意识到自己在自律性方面比较薄弱时，并没有自暴自弃，或为了面子自己"死扛"，而是积极地向父母寻求帮助，让父母成为自己的监督员，并帮助自己培养自律的习惯。这样做有几方面的好处。

首先，父母能够站在更客观的角度，帮助我们分析制订的计划、规则是否科学、合理，是否真的适合我们。这是非常重要的一件事。因为如果我们制订的计划或规则超出了自己的能力，那么久而久之，我们很容易因为始终难以达成目标而对自己失去信心，甚至自暴自弃。

其次，当我们还没有强大到可以靠自己的意志力抵御诱惑时，父母可以起到监督、督促的作用，帮助我们抵御诱惑，培养自律的习惯。

最后，向父母寻求帮助，其实也是向父母释放一个信号，让他们学会以身作则，与我们共同进步。在成长的过程中，父母的一言一行对我们的影响非常大。如果父母缺乏自律，那么我们就可能会在潜意识中也蔑视规则。但如果父母本身就是极为自律的人，那么在其影响下，我们对规则自然也会心生敬畏。这就是"言传身教"的力量。

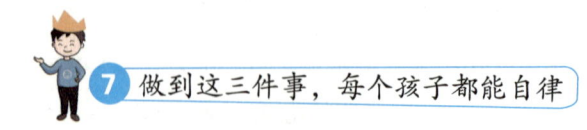

7 做到这三件事,每个孩子都能自律

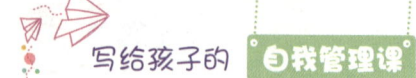

自律性是天生的吗?为什么有的人轻轻松松就能约束自己,而有的人却总是控制不住地向诱惑低头?为什么同一个人,在做不同的事情时,所展现出的自律性也可能天差地别?每个孩子心中或许都曾生出过这样的一些疑问,也都曾因为自己缺乏自律而烦恼不已,却又不知该如何去改变。

其实,想要实现自律并不像我们以为的那样困难。只要做到三件事,每个孩子都能自律。

图 1-12　培养自律习惯的三个条件

第一课

自律——孩子，所有优秀背后都有苦行僧般的自律

第一，给自己一个内在驱动力。

当我们去做一件自己喜欢做的事情时，不用任何人监督、逼迫，我们也会自主、自发地去做，并且在做这件事的过程中，也不会觉得痛苦或煎熬。但如果我们要做的事情我们自己不感兴趣，而又不得不做时，那么在做这件事的过程中，就难免会产生枯燥、煎熬、痛苦等情绪。这实际上就是内在驱动力不足导致的。

做自己喜欢做的、发自内心想要做的事情，我们的内心自然就会产生一股动力，这股动力让我们心甘情愿、甘之如饴地去努力、付出，这就是内在驱动力。

与内在驱动力相对应的，还有外在驱动力。外在驱动力很容易理解，就是指外界施加给我们的驱动力，比如奖励与惩罚的设置、父母或师长的督促等，都属于外在驱动力。

虽然无论是内在驱动力还是外在驱动力，都能推动我们不断地努力进取，但很显然，只有拥有内在驱动力，我们才可能发自内心、甘之如饴地去为一件事情付出努力，并且约束自我。因此，想要做到自律，那么最有效的方式就是给自己一个内在驱动力，从改变自己的思想开始，把"不得不"去做一件事，变成"我想要"做一件事。

第二，让可预见的结果变成积极的。

想必很多人都发现了这样一个情况：当我们被告知，只要写完手头上的作业就能去春游的时候，大家的情绪都会变得很高昂，就连写作业的效率都比平时提高不少；但如果我们被告知，只要写完手头上的作业，就开始做一套新的习题，那么

恐怕大家的积极性和写作业的效率就要不升反降了。

这就是"可预见结果"对我们的影响。当我们认为，做完一件事之后，就能得到积极的结果时，自然会迫不及待地想要赶紧完成这件事情，以得到理想的结果。相反，如果我们认为，做完一件事之后，不仅不能得到任何好处，反而有更多的事要做，谁还能提起积极性呢？

所以，要想做到自律，那么不妨在做事情时，尽量让可预见的结果变成积极的，不要给自己施加太大的压力。

第三，注意前进的脚步，及时自我激励。

赶驴，大家都见过。用一支钓竿挂上一根胡萝卜，放到驴的前方，这样一来，驴为了吃到胡萝卜，就会不停地向前奔跑。

驴因为有了胡萝卜的诱惑，才能不停地向前奔跑。因为它坚信，只要自己努力，再努力一点儿，就能得到好吃的胡萝卜。但如果驴不管怎么努力、怎么奔跑，都无法吃到胡萝卜，甚至发现胡萝卜离自己越来越远时，那么久而久之，驴想必也就不再有动力向前跑了。

人其实也是一样的。不管做任何事情，人们都需要有一个"盼头"（好的结果和目标）摆在前方。只要有了这个"盼头"，我们自然就能抵御来自"盼头"之外的诱惑，一心一意地向着既定的"盼头"努力。这就是为什么当人们有一个大目标的时候，往往会将其拆分成若干个小目标，然后再进行具体的计划。

总而言之，只要做到这三点，每个人都可以培养自律的

第一课
自律——孩子，所有优秀背后都有苦行僧般的自律

习惯。需要注意的是，要想做好这三点，除了孩子自己需要努力之外，父母也必须做好配合，不要给孩子"拖后腿"，不要罔顾孩子的意愿，擅自给他们制定难以实现的目标。

第二课

自强——反抗你的依赖本能，不要对别人永远抱着奢望

人多不足以依赖，要生存只有靠自己。

——拿破仑·波拿巴

写给孩子的 自我管理课

1 孩子，自己能做的事，不要推给别人

著名儿童教育家陈鹤琴曾说过这样一句话："凡儿童自己能够做到的，应该让他自己做；凡儿童能够自己想到的，都应该让他自己去想。一句话，给孩子创造自立的机会。"

专家认为，孩子真正可以开始做家务的年纪是 2 岁。大多数孩子在 4~5 岁的时候，就已经能独立承担许多家务了。但实际上，现在很多孩子，可能已经上了高中，却还连自己的鞋都不会刷，连个蛋炒饭都没做过。

当然，有的孩子可能会说，不会做家务，又不能代表什么。现在不会，以后需要的时候再学不就行了！

图 2-1 自己的事情自己做

确实，不会做家务，并不能代表什么，但真正重要的事

第二课
自强——反抗你的依赖本能，不要对别人永远抱着奢望

情，是你在成长的过程中，是否能够摆脱对父母的依赖本能，学会独立自强，用自己的翅膀去翱翔。

我们一直在强调，每个孩子都应该学会自己的事情自己做，不要推给别人。这不是因为这些事会给别人添麻烦，而是因为我们在学会承担自己的责任，学会自己把能做的事情做好的过程中，也是在一步步地学会独立自强，从而让自己成长为一个完整的、优秀的人。

很多人在成长过程中或许都有过这样的体会：

从小到大，所有事情都被父母安排得妥妥帖帖，除了好好学习、天天向上之外，不需要考虑任何其他生活上的琐事。小学、初中、高中——最后终于考上理想的大学，于是背上行囊，远离家乡，怀着无限的憧憬进入充满梦想与希望的象牙塔！

接下来，手忙脚乱的生活开始了！没有了父母的照顾，我们只能硬着头皮去面对一切生活的琐事。然而，这些实际上都不是最可怕的，家务不会可以学，饭菜不合口味可以忍，真正可怕的，是我们骤然失去父母庇护后的恐惧与茫然。

我们不知该如何作为独立的个体与人相处，我们不知该怎样去处理挡在前方的挫折与困难，我们不知在失去身后的"靠山"以后该怎样让自己重新拥有"底气"……直到这一刻，或许我们才会发现，原来在看似成熟的身躯之下，我们依旧还是那个嗷嗷待哺、蜷缩在父母羽翼下的孩童……

长大不是一朝一夕的事情，我们必须学会一步一个脚印

地去走那条成长的路。而独立就是长大的第一步,也是自强的基础。这一点,大部分西方国家的父母其实要比中国的父母做得更好一些。

图 2-2　成长是一个学会独立的过程

很多西方国家的父母在孩子出生之后,就会有意识地开始训练他们独立睡觉、独立玩耍、独立进食。尽管很多时候,还不能熟练地使用调羹的孩子总是将食物弄得一片狼藉。

西方国家的父母会用大量的时间教导孩子去学习做一些事情,比如自己穿衣服,自己系鞋带,自己爬上车子。尽管这样做可能会浪费掉好几倍的时间,但他们会努力克制住想要帮忙的心情,耐心地等待孩子自己去学习、完成这些事情。

不要觉得这是在浪费时间,当孩子可以独立完成越来越多自己的事情时,同时增长的,还有他们的自信心与独立性。

第二课
自强——反抗你的依赖本能，不要对别人永远抱着奢望

而这才是孩子在成长过程中最宝贵的收获。

回想一下，在你成长的过程中，当你第一次学会使用筷子时，当你第一次写下自己的名字时，当你第一次把鞋带系上时，当你第一次学会煮饭时，当你第一次把衣服洗干净时……那些看似再平常不过的事情，其实都曾给过我们巨大的欢喜与信心，那种从不会到会的过程，那种掌握了一项新技能的满足感，是任何事情都无法替代的。

所以，孩子，别怕辛苦，也别因为身后有依靠，就忘了用自己的双腿去走人生的道路。努力把自己的事情做好，别把本该你担负的责任都推给别人。在这个世界上，没有谁会成为你永远的依赖。自己的人生，只有自己才能给出完美的答卷。

2 遇到问题与困难，自己先想办法解决

年少时，我们总是叫嚣着，自己是一个具有独立人格的人，不是父母的附属品。然而事实上，很多时候，我们所做的事情，却与此背道而驰。我们已经习惯了在遇到问题和困难时高声呼喊着"爸爸""妈妈"，已经习惯了把一切任性妄为的后果都交由父母承担。

然而，一个具有独立自主人格的人，首先要具备的，就是独立思考的能力。人存在于世的最大意义，就是能够展示并表达自己的思想。如果一遇到问题和困难，就马上退缩到父母身后，又怎么称得上具有"独立人格"呢？

33

写给孩子的自我管理课

有一位学者曾到一所中学做了一项有关中学生自主选择能力的调查。他随机访问了100名学生。结果发现，在问这些学生"当学习和生活中遇到难以解决的困难时，怎么办"这一问题时，绝大多数人的回答都是："找父母帮忙解决。"

此外，在被问到诸如"将来要考哪所学校""学习什么专业""打算从事什么工作"等问题时，超过半数学生的回答基本都是"需要和父母商量"或者"听从父母的意见"等等。

图2-3 遇到困难怎么办

诚然，与我们相比，父母具备更多的人生经验，常常能够给我们更好的建议，所以在遇到重要的人生抉择时，询问父母的意见也无可厚非。但即便如此，我们也不应该完全放弃自己的思考、自己的想法、自己的意见。这是我们自己的人生。如果我们连主动去思考都做不到，那么与傀儡和附属品又有什么不同呢？

更重要的是，很多时候，我们并不是没有解决问题和困

第二课
自强——反抗你的依赖本能,不要对别人永远抱着奢望

难的能力,而是在习惯性的依赖中主动放弃了思考,放弃了努力,放弃了原本可以使自己变得更优秀的机会。

蒋婷是个文静内向的小姑娘。她已经上五年级了,学习成绩一直都不太好。在成绩方面,父母对蒋婷的要求一直不高,甚至还有些愧疚。因为他们一直觉得,由于早产,女儿从小身体就弱,头脑也不是很聪明。

开学前夕,因为新冠肺炎疫情的暴发,学校为确保学生的安全,便延迟开学,让学生在家上网课。父母便把蒋婷送到了做辅导老师的小姨家里,让她帮忙监督蒋婷学习。

很快,小姨就发现,蒋婷之所以成绩一直上不去,并不是因为她"笨",而是因为她有一个非常不好的学习习惯。那就是,一遇到较难的题目,就立马张嘴问别人,根本不想自己独立思考和解决难题。

蒋婷之所以养成这种坏习惯,完全是父母给惯的。因为早产的关系,蒋婷从小身体就不是很好,父母对她的照顾也就难免更加细心周到。就连上学以后,每天回家做作业,都是父母轮流陪伴。遇到不会的题目,只要蒋婷一张嘴,立马就有人帮她解决。久而久之,蒋婷也就习惯了依赖别人的帮助解决问题,自己懒得动脑筋独立思考。

发现这样的问题后,小姨开始有意识地纠正蒋婷的坏习惯。每次遇到不会做的题目,小姨都要求蒋婷先自己思考,并把能想到的解题思路都写下来。哪怕蒋婷只能联想到一个公式,或者思路根本就是错误的,也必须先让她独自努力思考。

写给孩子的 自我管理课

图 2-4 "有问题，找妈妈"

在小姨的督促下学习，蒋婷一开始很不开心，觉得小姨是故意找碴儿。但她性子软，又不敢和小姨对着干，只能不情愿地按小姨的要求去做。后来，渐渐地，蒋婷发现，很多她以为自己根本解不出来的难题，在小姨的"逼迫"下，竟真的能找到一些思路。当通过自己的思考，做出越来越多的难题后，蒋婷第一次开始觉得，或许自己并没有自己想的那么笨，或许自己远比自己以为的更优秀。

有了这样的认识后，蒋婷开始努力改变自己。她拒绝父母继续陪自己做作业，在遇到难题时尝试着独立思考。在生活中也是如此，她不再一遇到事情就回家找爸妈，而是先尝试着自己去解决。令人惊讶的是，经过一段时间的努力后，蒋婷不仅学习成绩提高了，就连人际关系也变好了，还交了几个好

第二课

自强——反抗你的依赖本能，不要对别人永远抱着奢望

朋友。

人生中有很多事情都是别人无法替代我们去完成的，比如考试，比如交朋友，再比如过日子。而无论做任何事，都会不可避免地遇到问题与困难。这种时候，真正能够帮助我们的，只有我们自己。哪怕是父母，也不可能一辈子为我们遮风挡雨。我们只能让自己变得更优秀、更强大，才能在人生的风雨中稳步前行。

3 长辈们讨论一些问题时，你可以试着发表看法

在家庭中，很多孩子都是没有话语权的，父母总是自己做了决定后，便直接把结果"通知"给我们。因为在父母眼中，我们只是什么都不懂的小孩子，只是思想不成熟的幼稚鬼，根本不懂真实的生活究竟是什么样子，也根本给不出任何有建设性的意见。

要想改变这种状况，提升自己的家庭地位，拥有话语权，光靠同父母叫嚣、争吵是不可能做到的。而且，这只会加深父母对我们的成见，认为我们就是无理取闹、胡搅蛮缠的"熊孩子"。我们真正应该做的，是抓住机会，一点点地让父母和其他长辈了解我们的思想、接受我们的意见，从而潜移默化地将我们当作平等的家庭成员来对待。

庄航是个聪明又早熟的孩子。虽然他刚上初中，但思想已经相当成熟了，对自己的未来也早已经有了比较清晰的

规划。

在家里,庄航也同样是很有"家庭地位"的。家中的大事,父母通常也都会和庄航商量之后再决定。身边的朋友们都非常羡慕庄航,觉得他有一对既开明又能理解他的父母。但其实,庄航之所以能有今天的"家庭地位",完全是靠自己努力争取来的。

上初中之前,庄航和其他孩子一样,在家里虽然被父母长辈宠爱,但是没有什么话语权。事情的改变发生在"小升初"报名时,他想上的初中和父母想送他去的初中居然不是同一所。

那时候,庄航和几个铁哥们早就说好,以后要一块儿去一中上学。但当时,庄航的父母却想把他送到附中。因为附中有庄航父亲认识的人,正所谓"朝中有人好办事",有关系在那里,以后不管是分班还是办事都要方便得多。

庄航知道这事后很不开心,和父母闹了几次,但父母压根儿就不在乎他的想法,只一个劲儿地说他不懂事,考虑事情不周全。后来,庄航也冷静了下来。他本就聪明,也不是不明白父母的心思。

经过一番思索,他开始找老师和同学等熟人了解一中和附中的情况,并把所有搜集到的信息都汇总起来,做成一个表格,将一中和附中各个方面的情况逐一进行了对比。做完表格后,庄航还自己写了一份分析报告,并详细地阐述了选择一中对自己的种种好处和优势。

做完这一切之后,庄航直接拿着这份自己辛苦整理的资料，和父母进行了一番谈判。也就是这一次谈话，让父母突然意识到，儿子远比他们所以为的更优秀，也更成熟。从那之后，庄航开始有意无意地参与到长辈们的谈话中，有时竟也确实能给出一些不错的建议。

就这样，渐渐地，父母有什么事情也都会主动和庄航商量，征求他的意见。在这个过程中，庄航也学习到了越来越多宝贵的人生经验，而这正是从书本和学校无法学到的。更重要的是，在提升"家庭地位"，并拥有话语权之后，庄航也变得比过去更加自信了。

图 2-5 争夺家庭话语权的正确方式

很多孩子都曾抱怨父母不考虑自己的感受，不管做什么事情，从来都不会征求自己的意见，并会因此经常和父母发生争吵。孩子想强调自己的独立与自强，父母则为孩子的幼稚和不懂事头疼不已。

其实，想要提升家庭地位，想要在家庭中获得话语权，我们需要的并不是一场激烈的争吵，而是用事实来证明自己的能力。就像庄航，当他用争吵与父母对峙时，只会让父母越发觉得，他就是个不懂事、长不大的小孩子；而当他转变策略，用自己手中掌握的信息作为筹码，冷静地与父母进行谈判，争取自己的利益时，父母才真正开始正视他，听取他的建议，认可他的想法，让他有了平等地参与家庭决策的权利。

因为他用事实成功地向父母展示了自己的思想，让父母意识到，他并不是一个什么都不懂的小孩。他做出的决定和选择，并非一时的任性和冲动。他是一个有着自己的想法，懂得思考，并且思想成熟的独立个体。

所以，如果你想为自己争取和父母平等的对话机会，就需要展示你的思想和才识，让父母长辈们看到，你确实是一个有想法、有能力的人。比如当父母长辈谈话时，你可以试着参与其中，并针对一些问题勇敢地发表自己的看法。当然，在这种时候，一定要记住，千万别不懂装懂，否则会让父母长辈觉得你是个不可靠的人。

4 孩子，有没有伞，你都应该努力奔跑

曾看到过这样一个故事：

有两个人在街上闲逛，突然天上下起了大雨。一个人赶忙拉紧衣服，作势要跑，另一个人却闲庭信步，不见慌乱。准

第二课

自强——反抗你的依赖本能，不要对别人永远抱着奢望

备要跑的人便大声问另一个人："下这么大的雨，你不准备跑吗？"另一个人却笑道："跑什么呀？难道前面就没有雨吗？"

这个故事乍一看似乎挺有道理，但是稍加思索，你就会发现，不跑的那个人颇有些"自暴自弃"的意味。因为没有雨伞，不论怎么跑都会淋湿，所以就干脆破罐子破摔，任由大雨把自己淋湿，连跑也不跑了。

其实，无论何时，努力奔跑，都不是没有意义的。没有雨伞的我们，固然早已被大雨淋湿，但跑得越快，我们就能越早找到避雨的地方，或者越早回家，享受温暖舒适的热水浴。

人生的道路也是如此，不知风雨何时会侵袭我们。有伞的人固然幸运，可以在风雨中为自己开辟一小块宁静的天地；而无伞的人，只要坚持努力奔跑，也一定能够找到躲避风雨的港湾。

许翔的父亲是教育局的一位领导。因为父亲的身份，虽然许翔有些调皮，但学校里大多数老师对他都多有包容。更何况许翔的学习成绩也不差。而且即便他有时候调皮捣蛋，也不会仗势欺人，违反校规校纪。

上小学五年级的时候，许翔和班上一位新来的语文老师发生了一些冲突。语文老师非常生气，便罚许翔站着听课。语文老师似乎对许翔过于苛刻，只要有问题回答不上来，就批评他学习不努力。

令人惊讶的是，虽然经常受语文老师的批评，但许翔的语文成绩不仅没有受到影响，反而比以往考得还好。

很久之后,许翔的父亲才得知了这件事。那时候许翔已经上初中了。父亲很好奇地问许翔,为什么当初没有把这件事告诉他,明明只要他说一句话,许翔就完全可以摆脱这种"惩罚"。

许翔却笑着回答说:"就这么一件小事,我都得向您开口,那我不成巨婴了!再说,那位老师不就是对我严格一点儿吗?认为我学习不够努力吗?我偏要用自己的能力向他证明,我许翔,学习也是不甘落后的,语文也能考个好成绩!我一定要让老师不再批评我,能够表扬我!"

图 2-6 独立自强才是最靠谱的"伞"

第 二 课
自强——反抗你的依赖本能，不要对别人永远抱着奢望

对于许翔来说，父亲就像一把巨大的保护伞。不管遇到什么事情，许翔只要往"保护伞"下一躲，一切的困难就迎刃而解了。但在与老师发生冲突，甚至受到惩罚后，许翔并没有将此事告诉父亲，寻求帮助，而是依靠自己的力量去解决这件事。

许翔其实真的很聪明。他很清楚，没有谁能真的保护自己一辈子，哪怕是父亲这把保护伞，也终究会有失去保护作用的一天。所以，与其依赖别人帮你解决问题，倒不如让自己变得更加强大。只有你的独立自强，才是你永远的依靠。

在这里，给大家两点建议：

第一，有"伞"的孩子，独立自强最重要。

有一些孩子是幸运的，他们一出生就站在更高的起点，拥有比别人更优越的条件。在人生的风雨中，他们早早就拥有自己的"保护伞"，让自己能够免遭风雨的侵袭。

对这样的孩子来说，努力学会独立自强是最重要的。因为他们拥有比普通人更多的仰仗，所以往往也更容易对父母和家庭产生依赖感，习惯利用自己的优势资源去解决人生中遇到的问题和困难。一旦失去这些外在的条件和依靠，失去手里的"保护伞"，他们就很可能一蹶不振，抵御不了任何风雨。

第二，无"伞"的孩子，努力才能改变命运。

俗话说"穷人的孩子早当家"。如果人生中从来都不曾拥有过"保护伞"，那么我们便只能依靠自己的力量去抵御风雨的侵袭。这时，努力自强便是我们唯一的出路，也是我们改变

命运的关键因素。

5 自强的孩子，从不满足现状，贪图安逸

一个自立自强的孩子，将来必然会成长为一个优秀的人。因为这样的孩子，不会轻易贪图安逸、满足现状。他们有着更远大的理想，有着想变强的渴望，永远不会将未来寄托在别人的身上，迷失在一时的安逸之中。

某中学邀请一些校友参加中考前的动员大会。有一位优雅的女士，在演讲时和学生们分享了自己的故事。

这位女士出生于一个偏远的小山村。她的父母有重男轻女的思想。从很小的时候开始，她的生活中就充斥着做不完的活计和来自父母的谩骂。

她有两个姐姐，一个弟弟。弟弟是父母手心里的宝，而她和两个姐姐则一直被父母轻视，仿佛生来就是注定要为弟弟奉献与服务的。其实，重男轻女这种现象在他们生活的小村庄很常见。

后来，有人到他们的小山村修建了学校，鼓励村民送孩子去上学。那时候，她的两个姐姐都已经嫁人了。她却很幸运地被父母亲不情愿地送去了学校。在学校里，她学会了认字，并从老师那里知道，在小山村之外，还有更广大的世界。

再后来，有人给小山村出钱修了路，村民们的日子开始变得越来越好。在她15岁那一年，镇上的一户殷实人家托人

第二课

自强——反抗你的依赖本能，不要对别人永远抱着奢望

上门向她家提亲，惹得整个村子都羡慕不已。在村民们看来，她能嫁到镇上享福，那可真是天大的运气。从此她不需要再辛苦地劳作，轻轻松松就能过上安逸的日子。

可她不愿意，她想继续上学，甚至想考高中、考大学。那时候的她还不曾想过，自己的未来应该是什么样子，但她心中却隐隐有一个念头，她想离开这个小山村，去更广大的世界看一看，去更高的地方望一望。

为了这事，她和家里大闹一场，甚至差点儿丢了性命。后来在村长和老师的调解下，她才得到了继续上学的机会。

现在，这位女士已经成为一名律师，过上了和从前截然不同的生活。她说："15岁的我，很要强，心里总憋着一口气，不愿意选择别人口中的安逸，只想爬到更高、更远的地方看一看，哪怕一路披荆斩棘。幸好，我成功了。感谢15岁时，不安于现状的自己。"

这位女士的确值得我们敬佩。在15岁的人生岔路口，她勇敢地选择了一条更艰难的路，迈向了一个不确定的未来。而促使她做出这个决定，让她拥有这份勇气的，正是一颗自立自强的心，以及对现状的不满。所以，她拒绝了触手可及的安逸，转而选择了披荆斩棘的挑战。

在我们成长的道路上，这样的选择其实一直都存在，我们也不得不去面对。有的孩子就像这位女士一样，在安逸与拼搏之间毫不犹豫地选择了后者。他们牺牲自己的玩乐时间，努力提升自己，学习更多的技能，把自己变成了更优秀的人。也

有的孩子选择了前者。他们贪图享乐，为一时取得的成绩沾沾自喜，扬扬自得，宁愿在安逸中沉沦，也不肯多付出一丝的努力。

图 2-7　强者永不满足于现状

于是，努力自强的孩子不停地前进，耽于享乐的孩子却始终原地踏步，差距就是这样在成长的道路上一点点地拉开的。

所以，孩子，请记住，但凡你对自己的未来有一丝野心，但凡你曾渴望成为优秀、成功的人，就不要贪图现状的安逸、留恋眼前的成绩。真正的强者是永远不会为自己取得的成绩而沾沾自喜的，只有不断地督促自己努力进步，我们才能始终站在时代发展的潮头。

第二课

自强——反抗你的依赖本能,不要对别人永远抱着奢望

6 自强的孩子,敢于犯错,愿意"为自己的行为买单"

爱因斯坦说过这样一句话:"一个从不犯错的人,是一个从未尝试过任何新鲜事物的人。"

人生本就是一个不断"尝鲜"的过程。尤其是在成长的道路上,每个孩子都是从一张白纸开始,一点点地画上不同的颜色,最终才成为独一无二的画卷。在这个过程中,画在白纸上的每一笔,都是一种新的尝试,而正是这无数次的尝试,构成了"人生"二字。

图 2-8 只有弱者才怕"犯错"

人都是会犯错的,哪怕是一件做了千百遍的事,也有可能会在某个环节一不小心就犯了错,更何况是那些首次"尝鲜"的事呢?犯错其实并不可怕,它是人生中再正常不过的事

47

情。最重要的是，当我们犯错时，是否有"为自己的行为买单"的勇气。

真正强大的人是不会害怕犯错的。因为犯错的过程实际上也是一种学习的过程，这远比别人口述的经验或诀窍更能让我们记忆犹新。

在生活中，很多人都有过这样的体验：家中购买的新电器，孩子总是能比大人更熟练地使用它。这是为什么呢？是因为孩子比大人更聪明，还是孩子比大人更能接受新事物？答案其实很简单，因为孩子比大人更胆大，更不怕犯错。

在使用新电器的时候，很多大人总是小心翼翼，生怕一不小心就按错了键，弄错了程序，把新电器"弄坏"。但孩子通常不会考虑那么多。他们或许会尝试着按下每一个功能按键，看看它们究竟有什么不同。而这个尝试的过程，实际上就是一种学习的过程。所以，孩子总是能比大人更先掌握操作电器的方法。

不只是使用电器，做任何事其实都是一样的。当我们因害怕犯错而畏首畏尾时，那些不怕犯错、敢于犯错的人，早已先一步开始了尝试和学习。

李礼和李仪是一对双胞胎兄弟，两个人长得很像，但性格却截然相反。李礼活泼外向，胆子大，见到什么新鲜事物都忍不住要尝试一下。李仪则性格内向，谨慎小心，就连过个小水沟都要多次检查，以保证万无一失。

有一年暑假，父母出差，便把李礼和李仪送去乡下爷爷

第二课
自强——反抗你的依赖本能，不要对别人永远抱着奢望

家。爷爷以前是村里有名的木匠。如今爷爷虽然年纪大了，但还时不时地在自家院子里做一些木工活儿。见孙子李礼和李仪来了，爷爷心血来潮，便决定教他们做点儿小东西。

一开始，爷爷本来更看好认真稳重的李仪。但真正上手之后，爷爷才发现，李礼居然比李仪学得快得多。虽然李礼比较缺乏耐心，每次不等爷爷说完，就忍不住拿着小木片和小锤子开始"工作"，结果不是钉子钉错了位置，就是木片组合时弄错了方向。但李礼也确实聪明，虽然屡屡犯错，但是只要爷爷纠正一次，下次他便不会再犯同样的错误了。

李仪要比李礼稳重得多，但是显得过分谨慎。因为他害怕犯错误，所以每次动手都磨磨叽叽，总要翻来覆去检查好几遍。结果，李礼已经做出了好几个歪歪扭扭的小桌子和小凳子，李仪那头却连个凳子腿儿都还没钉好呢！

犯错本身就是学习的一个必要过程。因为面对全新的问题，谁都没有把握一次就把事情做好，总会出现这样或者那样的错误。只有不怕犯错，我们才能更快、更好地掌握知识与技能。如果因为担心犯错而变得束手束脚、畏首畏尾，那么我们是永远都无法获得提高和进步的。这无异于因噎废食。所以，要成为真正的强者，要想获得进步与提升，我们就必须学会如何正确地对待"犯错"。

第一，真正强大的人从不怕犯错。

害怕犯错，其实是缺乏自信的一种表现。而真正强大的人，是不会害怕犯错的。因为他们坚信，即便犯了错，他们也

写给孩子的自我管理课

有能力去纠正错误,并从错误中汲取更多的经验和教训。

第二,真正强大的人从不推卸责任。

强者守则:
◆ 强者从不害怕犯错
◆ 强者从不推卸责任
◆ 强者善于从错误中总结经验

图 2-9 强者是如何看待"犯错"的

犯错本身其实并不可怕,真正可怕的,是犯错者没有勇气去承担责任,甚至为了逃避责任而将错误推卸到别人头上。而一个真正强大的人,必然是一个能够担负责任,能够"为自己的行为买单"的人。

第三,真正强大的人更善于归纳总结。

对于弱者来说,每一次犯错都是对自信心的一种凌迟。但对于强者而言,每一次犯错都是一次宝贵的经验。因为真正强大的人更善于从错误中汲取经验和教训。他们不会因已经犯下的错误而懊悔不已,而是会在犯错之后更加谨慎小心,查漏

自强——反抗你的依赖本能，不要对别人永远抱着奢望

补缺，不断地完善和提高自己，以便下一次能够做得更好，从而获得更好的成绩。

7 自强的孩子，会一点点地脱离爸妈羽翼的庇护

孩子对父母通常都有着天然的依赖。对孩子而言，父母是最安全的屏障，是最温暖的港湾，是最安稳的依靠。然而，随着年龄的增长，我们终究需要学会自己站立、自己行走，我们终有一天要脱离父母羽翼的庇护，独自走上社会，独自去面对风吹雨打。

图2-10 成长就是学会独自飞翔

一个人想在社会上立足，首先就要学会自立自强。只有这样，我们才能真正有能力去开拓属于自己的天地。父母是我们永远的后盾，但我们不可能一辈子都生活在父母的羽翼庇护

之下。终有一天，我们会离开，会去寻找真正属于我们自己的天空。这是生命周而复始的轮回，也是成长的一种必然。

苏婷已经16岁了，但在家里，妈妈始终把她当作小孩子一样来照顾，方方面面、事无巨细都给她安排妥当，就连上晚自习都要亲自接送。这让苏婷感到很无奈。

其实，苏婷妈妈之所以这样，和苏婷年幼时的一段特殊经历有关。苏婷小的时候，父母工作都比较忙，大部分时间都是爷爷奶奶负责照顾苏婷。

有一次，爷爷意外摔伤了腿，奶奶为了到医院照顾爷爷，就托邻居暂时照看苏婷。结果，苏婷险些被两个陌生人抱走。幸亏一个熟人发现苏婷不停地哭，大喊一声，把那两人给吓跑了。苏婷就此逃过一劫。

这件事虽然有惊无险，却把妈妈吓得病了一场。从此，妈妈下定决心照顾好苏婷。妈妈向公司递交申请，换了个清闲的后勤岗位。然后，妈妈把大部分的时间与精力都用来照顾苏婷。

结果，这一照顾就是十几年。如今苏婷已经16岁了，妈妈还是事事都不放心。在妈妈心中，女儿似乎依然还是当初那个差点儿就被人抱走的小不点儿，脆弱又可爱。妈妈生怕一个疏忽，就会给苏婷造成不可挽回的伤害。

懂事的苏婷非常理解妈妈的担忧，但她一直很想体验一下独立的生活，想知道自己离开妈妈后，到底能不能好好地照顾自己。而且，她也很渴望能够用实际行动证明自己，告诉妈妈，她已经长大了，不再是儿时那个时时需要父母保护的小女

第二课
自强——反抗你的依赖本能，不要对别人永远抱着奢望

孩子了。

很快机会就来了，学校举办为期一周的学习训练营，参加活动的学生需要到训练营全封闭生活一周。虽然妈妈很不放心苏婷离开自己这么久，但作为家长，只要和学习扯上关系的活动，也不好去拉孩子的后腿，只得同意苏婷参加学习训练营。

首次离家，苏婷心中也感到十分忐忑，但更多的是跃跃欲试的渴望。在训练营的这一周，苏婷收获了人生中的很多"第一次"。第一次洗衣服，第一次洗碗，第一次因为叠不好被子被批评，第一次体验住宿舍，第一次独立整理箱子，第一次自己打扫房间，第一次和同学因为晚上睡觉开不开窗户的事情争论……

一周的独立生活带给苏婷的，不仅仅是新奇的体验，更重要的是，在这一周里，她第一次发现，原来离开父母之后，笨拙的她也能够学会照顾自己。对于父母的爱护与关怀，苏婷心中一直存有深深的感激，但同时，独立自强也让她获得了极大的满足感与成就感。

从训练营归来之后，苏婷变得更自信，也更懂得照顾人、体谅人了。妈妈也从苏婷的变化中意识到，女儿长大了。苏婷不再是当初那个需要父母全方位呵护的小女孩，她成长得比父母想象的还要优秀。

当我们尚且年幼时，父母将我们护于羽翼之下，为我们撑起了一片温暖的港湾。父母的爱是温暖的，令人安心的，总是让我们眷恋不已。但不管有多少眷恋，我们总会有离开的一天。

自强的孩子，终究会一点点脱离父母的羽翼庇护。因为他们知道，在父母羽翼的庇护之下，自己便永远只能是脆弱的雏鸟。想要成长、想要变强，就必须学会独立行走，勇敢地面对风雨。那些在成长过程中缺乏锻炼的人，最终只能成为懦弱、无主见的失败者。唯有经历了风雨的洗礼，我们才能真正地成长起来，在蔚蓝的天空里振翅翱翔。

第三课

自学——掌握高效学习方法，你也能考上北大清华

哪里有天才，我是把别人喝咖啡的工夫都用在工作上。

——鲁迅

1 为什么有些孩子很勤奋，学习成绩却一般

你可能一直坚信"吃得苦中苦，方为人上人"，而且还一直在以"勤能补拙"为座右铭刻苦学习着。你为了取得好成绩，不惜牺牲一切时间来看书、做题，很少玩乐，甚至睡眠时间都难以保障……但是，为什么一直这么勤奋的你，成绩却总是平平呢？到底是哪里出了问题呢？

其实，你犯了一个大错误，就是努力的方向和方法出了问题。这正像你的目标在西方，你却总是朝着东方使劲儿。哪怕你跑得再快，费尽力气，也还是看不到目标呀。再如方法，人的精力是有限的，当你废寝忘食地努力时，你的精力已经耗费得太多了。此时，身心疲惫的你，如果继续学习，反而事倍功半，很难取得好的学习效果，倒不如好好地休息一下，养精蓄锐，在恢复精力、满血复活后再继续学习。

子轩是一个很努力的男孩，一心埋头学习，把别人玩乐放松的时间都用在了学习上。考试时，他经常是眼神呆滞，脸上挂着熬夜的黑眼圈儿。

老师看到子轩疲惫的样子，经常劝他，要注意劳逸结合，不能总紧绷着神经。子轩点头答应，却没什么改变。

家长会时，老师与子轩妈妈沟通。妈妈说："子轩一直都觉得自己是个天资愚钝的孩子，所以不管干什么，都比别人要刻苦一些。"

原来子轩这样的状态是在妈妈的支持下造成的。

第三课

自学——掌握高效学习方法，你也能考上北大清华

图 3-1 疲劳过度

子轩每天做完老师留的作业，还要做妈妈给他准备的大量的练习题。特别是考试前，妈妈还让子轩增加练习题的数量。子轩妈妈对于子轩的这种"用功"，不仅不担心，还很自豪，她说："我家轩轩并不是聪明孩子，但他听话又很用功，我相信努力就会有回报，成绩一时不好没关系，早晚会提高的。"

的确，子轩的努力是对的，但是他每天超负荷的学习策略，只能让他感到负担过重，达不到最高效率。

老师就此与子轩妈妈沟通，告诉她不要总觉得子轩不聪明，像子轩这个年龄能够自觉地通过刻苦努力来提高自己，说明他是个自律性很强的孩子，但学习是一件讲求技巧和方法的事，不能靠消磨时间来换取好成绩的。

在老师的引导下，子轩妈妈又追问了学习方法，还着急地询问了如果不刷题的话是不是该请家教、是不是要多报几个

补习班等。

老师给子轩妈妈解释说:"子轩现在的问题不是不学习,而是学得太多了,您将他的所有时间都排满了,就像游泳,不能一味地浸在水里呀,也要有抬着头喘气的时间和改变泳姿的时间呀。学习是件讲求技巧和方法的事情,光有勤奋刻苦的精神是不够的。技巧方法和勤奋刻苦就像是人的两条腿一样,只有相互配合,人才能迈开步子走得又稳又快,如果你放弃其中一条'腿',那么哪怕另一条'腿'锻炼得再厉害,也是很难走得长远的。"

孩子,你现在是如何学习的呢?如果你是一个勤奋的孩子,那么恭喜你已经拥有了很强的自制力,懂得学习的重要性,这时你需要的是找到学习技巧和正确的方法,现在送你几个建议:

高效学习TIPS:
- 高效作业,保证睡眠
- 劳逸结合,张弛有度
- 拒绝疲劳战术

图 3-2　孩子高效学习的技巧

第三课
自学——掌握高效学习方法，你也能考上北大清华

第一，专心且高效地完成学习任务，每天保证 7~8 个小时的睡眠时间，晚上可以做一些练习题，但不能占用睡眠时间。

第二，在大脑最清醒的时候学习，感觉大脑处于低迷状态时，可以放下学习任务，听一会儿音乐或者做些简单的运动，休息一下大脑，放松下心情，等头脑清醒了再进入学习状态。

第三，绝对不可打疲劳战术，也不能搞填鸭式题海战术，如果晚上完成不了任务，到了睡眠时间后也要放下任务，可以在第二天早上继续完成。

孩子，胖子不是一口吃成的，学习成绩也不是仅仅靠题海战术就可以提高的。重要的是一定要找到学习技巧和学习方法，才可以达到事半功倍的效果。

2 为什么学习成绩优异的孩子，往往"全能优秀"

在班级里总有那么几个人，同学羡慕、老师喜欢，更重要的是他们不但学习成绩优异，而且样样优秀。你是这样的孩子吗？这样的孩子是怎么炼成的呢？

其实，那是因为学习成绩优异的孩子一定会有最适合自己的学习方法和技巧，且他们的专注力与自制力也是极高的。即便是接触到全新的知识领域，他们那优秀的学习习惯也会对他们的学习起到积极的促进作用。所以你才会看到"一门通，百门通"的优秀生。

图 3-3 "学霸"都有自己的学习技巧

大多数学生的智力并不会有太大的差异，特别是中小学阶段，知识难度并不大时。你还记得上一年级的时候吗？一个班中，大多数同学都能够考满分。可是，随着年级的升高，同学之间的成绩差距也越拉越大，原因是什么呢？当然是学习习惯与方法上存在差异。

良好的学习习惯和方法会让你的学习变得简单轻松，也会有效地激发你的学习兴趣。《论语》中说："知之者不如好之者，好之者不如乐之者。"当学习变为一种乐趣的时候，学习也就不会那么容易让你产生倦怠了。而且当成绩优异时，你的好胜心也会被激发起来。当你做一件事有了强烈的求胜欲时，那做好这件事的成功概率就会增加许多。

第 三 课

自学——掌握高效学习方法，你也能考上北大清华

我认识一个小女孩涵涵。涵涵妈妈经营着一家小店，平时工作很忙。但她很注重孩子能力的发展。涵涵5岁时，妈妈便给她做了规划。涵涵也特别乖巧，许多事情都是按着妈妈的计划进行的。

在上一年级之前，涵涵就已经学会了整个一年级的课程，而且舞蹈进步也很大，还在省电视台表演了独舞。本以为涵涵上了一年级，一定是成绩优异、各方面突出的优秀生。但是事与愿违，涵涵上小学后极不适应。每天的课程弄得她焦头烂额，别说跳舞了，就连休息的时间都没有。为此，涵涵很是伤心，课堂上哭，回到家还是哭。

妈妈问："涵涵，你是听不懂老师的课，还是不会写作业呢？"

"不是，"涵涵说，"我就是想哭。我觉得一年级真累，天天手忙脚乱的。"

跟老师沟通后，妈妈才明白，原来之前一直都是自己要求涵涵什么时间学习什么，做什么作业，并且督促着涵涵完成学习任务和作业。可是现在上小学了，老师很少像妈妈一样给涵涵"下命令"学什么、怎么学，所以涵涵就开始变得不会学习了。

学习有两种，一种是主动学习，一种是被动学习。主动学习就是自己主动安排好学习的相关事宜，包括制订学习计划、作息计划等；而被动学习，就是在别人的指导下听从命令式的学习。

图 3-4 主动学习与被动学习

虽然这两种学习方式都可以让你学习成绩优异，但是主动学习的人往往会更优秀，更有可能成为"全能型选手"。因为他们懂得学习的方法与技巧，也懂得如何面对失败与成功。

在老师的帮助下，涵涵渐渐地找到了自我，开始能够独自处理更多的事情。小学毕业时，涵涵以优异的成绩升入了重点中学，还成为一名专业特长生。多年来，涵涵取得了一个又一个优异的成绩。这证明了，学习并不是单纯的"你说我学"，而是一场自主进攻的战斗。

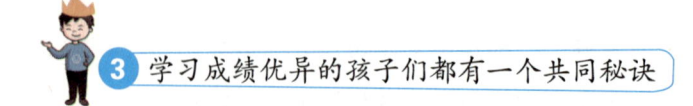

3 学习成绩优异的孩子们都有一个共同秘诀

孩子，你觉得你的学习成绩怎么样？如果你觉得还好，那你取得优异成绩的秘诀是什么呢？如果你的成绩不好，那你

第三课

自学——掌握高效学习方法，你也能考上北大清华

想知道那些成绩佼佼者的秘诀吗？

可能你会说："怎么会有秘诀，就是努力学习呗！"那是你还没有发现自己的优势。

也许你会说："想知道秘诀，我也想变得成绩优异。"那我们就一起找一找那些优秀学生的学习秘诀吧。

是学习时间更长吗？

那应该不是秘诀，因为长时间的学习耗费消磨的是精力，取得的成效却一般般。曾经有人做过一个试验：将60个孩子放在教室内完成五个小时不间断的学习。每隔一小时老师便会去观察下他们的学习情况。

图 3-5 五小时不间断学习

第一个小时，老师检查完成后得出结论：学习效率很高，学习态度也很认真。

第二个小时,部分孩子的注意力会稍微分散,学过的知识少于第一个小时,效率也比第一个小时低。

第三个小时,有些孩子已经出现怠学现象,很多知识只是形式般地从孩子们的脑子里过一遍,能够记忆的知识微乎其微。

第四个小时和第五个小时,孩子们已经看不进去什么东西了,精神也越发涣散。

在第二天复查时,发现第一个小时的学习效率最高,孩子们的学习态度也最好;而最后一小时到底学了什么,大多数孩子已经忘记了。

可见,学习成绩优异的学生所依靠的并不是"拉锯战",不是学习的时间越长越好,时间长了学习效率反而会下降。那学习的秘诀是什么呢?

是高效!

高效学习了解一下……

高效率学习的秘诀,你知道吗?
◆ 预习,不打无准备之仗
◆ 重点难点各个击破
◆ 运用学习方法与技巧
◆ 把握好最佳时机学习

图 3-6 高效率学习的秘诀

第三课

自学——掌握高效学习方法，你也能考上北大清华

无论做什么事情，高效完成才是最完美的。学习也是这样。保持高效的学习状态是那些成绩优异学生的共同秘诀。你一定会问，如何才能高效学习呢？以下几个建议希望能帮助到你。

第一，预习，不打无准备之仗。

"预习"这个词你并不陌生吧？每次上新课前老师一定会布置预习，那么你真的预习了吗？其实预习是为获得新知做准备的阶段。只有课前做好预习，课堂上才能够跟上老师的进度，才能够有重点地去听那些知识的重点、难点，并且就自己预习中的疑问向老师求教。而且，如果在预习过程中你已经掌握了新知识，那么老师的讲授就会变成你的复习，这样新知识就会更加牢固地印在你的脑海中。

第二，重点难点各个击破。

一堂课最需要你把握的就是那些重点与难点。如果你无法全部掌握这些重点和难点，那么就要将其中的一两个重点吃透，弄明白。不要贪多，想一口吃个胖子。许多情况下，知识是触类旁通的。只要你弄明白其中的一些知识，其他难点往往就会迎刃而解。然后，多加练习巩固，你的课堂学习就会变得轻松而且高效。

第三，运用学习方法与技巧。

还记得小白兔运南瓜的故事吗？当小白兔搬不动南瓜时，它便想出了很多办法来搬运，最终挑选最恰当的那个。学习也是这样，比如很多同学会为背诵大段的文言文而烦恼，那是因

为用死记硬背的方式背古文，背得很辛苦，还特别容易忘。此时你便可以选择关键词记忆法、场景带入法等，将记忆的方法和技巧运用起来，既省时省力又高效。

第四，把握好最佳时机学习。

相关资料表明，小学生的注意力集中时间，6~7岁为15分钟；8~10岁为20分钟；11~12岁为25分钟；13~15岁为30分钟。注意力集中的时间是学习最高效的时间。我们一定要把握好这个时间段去学习新知识，因为此时的头脑最清醒，效率也最高。

除此之外，学习的时间表明长短、情绪状态等也会影响你能否高效率地学习。你是不是已经把成绩优异者的秘诀掌握了？如果还没有，那就抓紧时间行动起来吧，证明自己也很优秀。

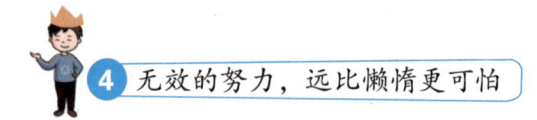

4 无效的努力，远比懒惰更可怕

班级中总会有这样的学生，一个十分勤奋，但是成绩平平，总也无法冲上去；一个不爱学习，贪玩又懒惰，虽然成绩平平，但也不会掉队。你觉得哪个孩子更优秀呢？你是不是也从他们身上找到了自己的影子？他们的成绩告诉我们一个事实：无效的努力，远比懒惰更可怕。

当你看到这两个孩子时，一定会说后者比前者聪明，而且很多人也会得出这个结论，原因就是前者这么努力还没有考

第三课
自学——掌握高效学习方法，你也能考上北大清华

出好成绩，但后者不努力成绩也能跟得上。可是，为什么会出现这样的现象呢？归根结底，那是因为前者的努力是无效的，他并没有找到适合自己的学习方法，而是一味地低着头走。

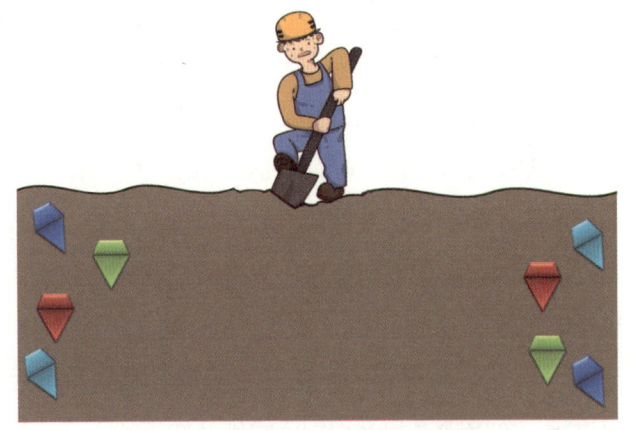

图 3-7 无效的努力比懒惰更可怕

小灿现在是班级里的尖子生。但一年前并非如此，他曾经很长一段时间都陷在"无效"努力的怪圈中无法自拔。漫长而得不偿失的"题海生涯"把他折磨得对学习都快失去兴趣了。

那时，小灿觉得只要投入大量的时间和精力去学习、做题，成绩就一定会提升。但实践之后，小灿才发现，盲目地做题除了把自己搞得疲惫不堪之外，成绩就像被施了"定身术"一动不动，没有丝毫进步。每次看到成绩他都烦躁不已。

一次课外活动，班长郭明十分幽默地主持拔河比赛。小灿这才注意到，郭明成绩极好，可他在学习方面花费的时间与精力却没有那么多，很多课外活动都有郭明的身影。

于是，小灿开始默默地观察郭明的学习方式。他发现，郭明有着自己独特的学习方法，比如郭明不像其他同学从头到尾地刷题，他做的习题都是经过筛选的，同类题都会做出标记。特别容易、一看就能拿下的，不做。有些难度的，只简单地写出解题步骤和思路。比如理科同类题，他会将公式写在题目下方，而不再进行烦琐的计算。

一本习题，他完成的速度会比刷题的同学快很多倍。完成之后郭明除了做一些必要的复习和难点的突破外，就去参加课外活动。所以，郭明在班级中不只是成绩优异，知识面、见识度也都远远高于其他同学。

于是，小灿依照郭明的方法开始学习。拿到习题后他会将题目进行一次筛选，把类型相同或涉及知识点大同小异的题目划掉，然后再有选择地做题。这个方法不仅减轻了他的学业负担，还为他节省了大量的时间，使他可以充分地接触和了解更多的事物，拓宽知识面，开阔视野。

一段时间后，小灿的成绩也获得了稳步提升。同时，小灿还摸索总结出来一些适合自己的学习技巧，渐渐地成为与郭明齐名的尖子生。

之前老师填鸭式的教学与题海战术，使很多学生陷入了疲惫，学习效率很低。其实，高效学习才是提高成绩的关键。

就像我们玩一款新游戏，虽然我们很努力地天天积累时间与经验值，可是还赶不上某些技巧型选手。当我们耗费了大量时间打怪升级的时候，人家早已经按照攻略远远地超过我们了。

第 三 课

自学——掌握高效学习方法，你也能考上北大清华

5 成绩好的前提是，找到适合自己的学习方法

你的课堂笔记记得全吗？你上课时注意力能集中多久呢？如果上课走神儿你会怎么做？在课堂中，你能迅速抓住重点知识并加以理解吗？你善于归纳总结所学知识吗？你是如何完成课堂作业和自选习题的呢？在每个学期开始时你会制订学习计划和学习目标吗？学期结束时你会做总结吗？……

学习成绩好的孩子让人羡慕。那么，你会从成绩好的同学身上找到一些学习的诀窍吗？曾经听过一个故事，猎人去森林里打猎，即便不带干粮也没关系。那是因为有了猎枪，可以打一些飞鸟走兽，作为食物补充体力。

图 3-8 找对方法，才能取得成功

要学习的知识就像猎人带的干粮，学习方法就如那杆猎枪，如果你只学会了那些知识，那么知识总有一天会用完的。但如果你掌握了学习方法，那么就能不断地学习补充新知识，知识也就不会用尽。

很多大学生毕业后并没有从事自己的专业，但他们照样可以在别的领域做得很好，原因是什么呢？因为一个优秀学生所学到的不单单是知识，更是方法。同样的道理，成绩好的前提一定不是掌握了多少固定知识，而是学到了什么方法，最重要的是学习方法一定要正确，否则不但劳而无功，更有可能南辕北辙。

陈雨是一个很优秀的小姑娘。从上一年级开始，她就连年荣获"三好学生""学科小标兵"的称号。但是，自从升入中学后，她的学习兴趣渐渐淡了，积极性也降低了。

阶段性考试之后，成绩明显下降，她也马上觉察到了自己的问题。可是到底哪里出了差错，她始终不明白。妈妈也感觉最近陈雨仿佛出了问题，便暗暗地观察她的学习状态，几天后，终于发现了问题所在。

原来陈雨的同学自从按照《轻轻松松考高分》这本书中的方法学习后，成绩得到了明显提高。陈雨对此很感兴趣，便买来这本书，按照里面介绍的方法学习，结果成绩非但没提升，反而下降了。

这本书主要介绍的是一种放松式的学习方法，主要针对一些疲惫学习却无法提高成绩的孩子，强调的是调整好情绪和心态，安排好作息时间。但是，陈雨并不是那种疲惫学习的孩子，她必须通过踏实的努力一步一个脚印地训练才可以出成绩。

妈妈将问题告诉陈雨，并给她详细讲解了学习方法选择的问题。陈雨听后一个劲儿地哭，后悔自己选错了学习方法。妈妈说："小雨，这才刚刚开始，以后你的学习过程中可能还会遇到更多的挫折。学习方法有很多，重要的是学习方法是否适合自己。一个合适的方法加上你的努力才会让你变得越来越好。别哭了，改变学习方法吧，一切还来得及。"

之后，陈雨调整了自己的学习方法，在之前踏实刷题的基础上又试着总结归类，很快她的成绩就恢复到了以前的名次。而且陈雨也学会了用不同的方法解决不同的问题，成绩越来越稳定。毕业时陈雨以年级前十的成绩顺利地升入重点高中。

借鉴别人的学习方法也并不是完全没用，很多善于学习的孩子都有自己的一些学习小妙招儿。但借鉴不等于照搬，归根结底还是得从自己的实际情况出发，找到真正适合自己的学习方式。

其实，很多孩子都有过陈雨这样的经历，并不是说智力有问题，而是没有找到适合自己的方法。这就像在游戏《迷你世界》中挖矿，用不同材质的矿镐，挖矿的效率也会不同。只有你选择了最合适的矿镐，才能节省大量时间，才会有更多的收获。

希望你早点儿找到自己的矿镐，去挖掘更多的宝藏。

6 不必废寝忘食就能成绩优异的一些秘诀

在你的眼里，学习是一种乐趣，还是一种折磨？成绩优异的孩子常常享受学习带来的乐趣，因为学习能给他带来成就感；而成绩平平的学生会时而兴趣盎然，时而心烦意乱，总会不时地感觉到学习的枯燥。如果此时，妈妈再催一句："别玩了，快学习去！"那定是让人最痛苦的声音了。

在这里，我要对你说，其实废寝忘食与学习成绩往往并不能成正比。虽然爸爸妈妈出于望子成龙、望女成凤的心情，巴不得你一天24小时都拿来学习，提升成绩，考个好学校，以后有条好出路。但是你要知道，学习成绩提升的关键是提高学习效率，而不是耗费时间。

这就像老师布置了相同量的作业，作业完成快的往往是那些成绩很好的学生，而那些成绩平平的学生所用的时间一般来说会更多。一堂课40分钟，他们每一分钟都在写作业，可是学习效率还是远远地低于10分钟就完成作业的优秀同学。

晓彤的学习成绩一直还算不错，年级排名也比较靠前。但是她最近总是出问题，上课注意力不集中，老师布置的作业也是潦草完成，甚至出现低级错误，最重要的是，每天课上不到一半她就开始打哈欠，眼下一团乌青。

老师看到情况后，以为晓彤学习分心了，或者打游戏了，导致现在学习出现了问题，于是与她的妈妈取得了联系。了解之后才知道，晓彤是加班学习造成的。

因为马上就要有重点学校的提前招生考试了，妈妈很着急，便给她报了很多补习班，特别是数学，晓彤每天要刷很多数学题，一放学就趴在桌子上学习，饭也送到桌前，一学就到晚上 12 点。

晓彤可真是到了废寝忘食的地步，妈妈就是她的监督员，当老师说妈妈的做法欠妥时，妈妈说："老师，再费劲不也就是这一个月了吗？这一个月不努力，会后悔一辈子的。"

但是，考前摸底考试时，晓彤的成绩从年级排行榜的前十名落到了前一百名，这对她来说是一种极大的打击，晓彤妈妈也慌了。在老师的建议下，晓彤妈妈让晓彤改变了学习策略，只留下了一个数学提高班，每天也在 10 点前上床睡觉，保证睡眠时间……晓彤的学习状态调整好后，成绩也恢复了。

最后，晓彤以高出录取分数线 20 分的成绩升入了重点中学。

努力是对的，勤奋也是对的，但是以"刻苦努力"为宗旨在学习上打疲劳战就是极其错误的。你的学习专注力与注意力时间是有限的，你的承受力也是有限的，这就像一台机器，它每天的运行时间为 8 个小时，你为了多产偏偏让它工作 12 个小时，这台机器是无法承受的，迟早会出问题。

亲爱的孩子，用心学习、勤奋努力的你是值得表扬的，但一定要规划好自己的作息时间，科学合理地分配用脑时间，做到劳逸结合，不沉浸在游戏中，也不做无效率的学习，使玩与学形成良好的平衡。现在，给你几条建议，看一看那些聪明的孩子到底是怎么做的吧。

图 3-9 "学霸"的学习秘诀

第一，合理分配用脑时间。

学习知识有一个用脑的"黄金时间"。你想一下，学校是不是将读书常常安排在早上，而习题练习会安排在晚上呢？是不是上午前两节课一般会是主要科目，而调节性的体育、音乐等科目常常会安排在上午最后一节课或者下午第一节课呢？这就是合理分配。

俗语说："一年之计在于春，一日之计在于晨。"一般来讲，早晨是一天中头脑最清晰、记忆力最好的时刻，此时你可以背单词、背课文、背公式，做一些和记忆相关的工作，学习效率会更高。而到了晚上，一切安静下来后，你的心也会静下来，此时头脑的逻辑思考和分析力最强，你可以做一些推理性较强的理科习题。

而临近中午或者下午，你可以选择做一些运动、家务等，调节下大脑的负荷，休息下眼睛，同时也可以强健体魄，不让大脑在高负荷下工作，因为大脑疲劳时做信息处理不仅慢，还会出错。

第二，在良好的学习环境中学习。

俗话说："近朱者赤，近墨者黑。"一个良好的学习环境对你的学习是极其有益的，这就是你在学校的学习效率要远远高于在家学习的原因。在家学习时，你可以选择光线充足、温度适宜、没有噪声及相对轻松舒适的环境，这种环境会使你学习时精神更加集中。

同时，朋友圈也很重要，与优秀的人交朋友，你将会学到更优秀的技能。试想一下，如果你周围的朋友都在学习，只有你自己不努力，你也会有一种无形的压力。而这种压力对你来说也是一种动力。在这种动力的鼓励下，你会更加努力学习，从而变得更强大。

第三，选择适合自己的学习方法。

学习方法是极为重要的，虽然"条条大路通罗马"，但别人走了近路，你却绕了一圈才到，你就会发现，你虽然比别人

付出了更多，但是被别人远远地甩在了后面。万物皆有法，所以你可以多寻找一些学习方法与技巧，让自己的学习变得轻松、有趣且成就感满满。

需要注意的是，我们不能"邯郸学步"，将别人的成功方法毫无遗漏地复制过来直接就用。因为只有适合自己的才是最正确的，跟风学习是学习中的一大忌。

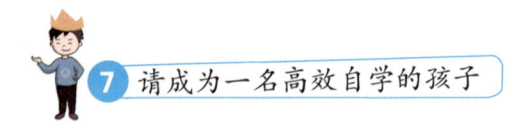

7 请成为一名高效自学的孩子

自学，是学习的一项基本技能，可是很多孩子并不会自学。

你一定会想，为什么要自学呢？反正老师都会讲，自学又有什么用。那么，我就想问你，如果我有一份游戏攻略要送你，你要不要？你是拿着游戏攻略心中有数地去打怪，还是不知道前面会发生什么就盲打呢？

当然，聪明的你一定会选择拿到攻略，因为有了攻略你便可以积攒能量，对付行程中最难的怪，也会巧妙地跳过一些无关紧要的小怪，以免浪费你升级的时间。

其实，自学和预习就是一本攻略。当预习新课后，你就会了解新课的大概内容，也会掌握一些简单的知识，而对那些有难度的知识，你就需要在老师讲解时多留意，以免错过关键的知识点，或者向老师提出自己的疑问，以便加深理解。

学生时代，有这样几个转折点，可能会直接影响你的成绩。小学三年级、初二以及高一，这几个阶段你的学习成绩容易受到很多因素的影响而发生变化。此时，如果你能够自我调节，充分发挥自学的作用，可以让你顺利度过这几个转折时期。

李淏在去年升入小学三年级时，明显地感觉到了力不从心。他虽然很努力地学习，但总是记不住老师在课堂上讲的内容。对于一些浅显易懂的知识点，他也是一知半解。

于是，他找到老师说明了自己的困惑："老师，我明明上课认真听讲，作业也认真完成，复习也很及时，怎么就是学不好呢？"

老师详细地询问了李淏的学习过程，发现他遗漏了一个重要的学习环节——预习。

低年级时，科目较少，重点科目的课时也很多，再加上知识结构较为简单，老师采用的是一半复习、一半新授的教学方式。这样学生上课时就会有知识的串联感。

可是到了高年级，学习科目增加了，知识难度也增大了，而且老师将重心放在了教授新课上，且所学新课重点、难点多，如果课前不预习，就根本无法找到知识的重点和难点。这样一来学习时注意力平均分配，久而久之，便会留下很多未解的难题，所以学习才会有力不从心的感觉。

在老师的建议下，李淏改变了学习方法，添加了自学和预习环节。在预习新课时，他将新课涉及的旧知识再次复习，对知识的重点和难点也加上了标记。这样上课时既可以将新旧知识串联起来，又能找到听课的重点，解答自己心中的疑惑。

渐渐地，李淏觉得学习变得轻松了，成绩也越来越好。

"凡事预则立，不预则废。"意思是，一件事情要想取得成功，一定要做好准备。如果做一件事之前没有准备，或者准备不足的话，都很难成功。预习就是课前的准备，它是需要你自己去完成的学习过程，需要你明确自己的预习目标、明确自己的预习态度，将预习真正地变成自己学习的利器。那么，预习新课具体来说有哪些技巧呢？

第一，明确预习目的。

预习是为了提高听课效率。所以在预习过程中，一定要将新知识大致了解一遍，并明确地标记出哪些是自己已经掌握的，哪些是自己还不明白的。对于新知识涉及的旧知识点也要复习一遍。"未雨绸缪"，才是智者。我们不能打无准备之战。

图 3-10 预习技巧

第二，选择性记笔记。

预习的目的是让课堂学习变得有目的性。如果没有预习，你可能会跟着老师讲授的内容去盲目地记笔记。老师如何讲，你就如何记。但是预习之后，你就可以选择性地记听课笔记。

对于复习过程中的旧知识点、简单的知识点及已经掌握的知识点都可以选择略记或者不记，而对于你已经标记的重点/难点问题、老师课堂补充的知识点等，就可以选择详细记录。这样不至于手忙脚乱，思维也可以跟上老师的讲课节奏。

预习是学生自学的一种方法，而掌握预习方法之后，你会发现自己不但学会了教学计划内的内容，还可以自己去学习更多的新知识。最令你惊喜的是，你发现自己已经能够独立阅读、独立思考、独立解决问题了。

8 善于高效学习，受益一辈子

"我什么时候才能不上学了呀？"

"学习好累，看那些大人多好，再也不用上学了。"

常常听到学生发出这样的抱怨。你是不是也发过这样的牢骚呢？其实，人的一生就是一个学习的过程，不要以为不做学生，就可以不再学习了。"活到老学到老"并不是一句空话。在学生时代，你需要掌握的不仅仅是知识，更要掌握学习方法，掌握高效学习的能力，这样你才会受益一生。

什么是高效，就是在有限的时间内完成更多的任务。能够高效地学习是一种能力，更是一种生存技能。极高的学习效率能够让你抽出更多的时间去做其他事情。所以学习效率高的优秀生一般也是"全能选手"，因为他们在高效地完成基本学习任务之后，会有更多的时间去学更多的知识。

李晓是一名绘画特长生。他从上中学开始，就像"开了挂"似的，不断地调整学习方法。同样的新知识，别人要用10分钟去背诵，而他两三分钟就记住了。

所以，很多时候，别人还在教室里趴着写作业，他已经奔向了球场。别人写完作业奔球场时，他已经去了画室。而当别人想着去画画时，他已经完成今天的任务回宿舍休息了。

很多同学说，看不到李晓学习，为什么他的成绩会那么好？其实，这都是因为李晓拥有高效学习的能力。

李晓无论学习什么，都有自己的章法。他从来不会打无准备之仗，也从来不会在学习的时候因为玩分神，更不会在玩的时候还担心着哪道题不会。

其实，一个人想提高自己的学习效率并不难，重要的是你是否会用心去找适合自己的学习方法。学习方法

- 定下可以实现的目标
- 找到学习的乐趣
- 选择正确的学习方法
- 合理安排时间

图3-11　如何找到适合自己的学习方法

与技巧不能够全盘照搬别人的。每个人都是不一样的，你得找到适合自己的学习方法才行。

第一，定下可以实现的目标。

古语说："有志者事竟成。"足以说明立下志向的重要性。有一个远大的志向，会让自己拥有前进的动力。但是，此处所涉及的并不是志向，而是目标，一个短期可以实现的目标。

为什么不是长远的目标呢？那是因为长远目标可以作为前进方向，但不会让你体会到成就感，也不会让你随时为自己补充能量。而短期可实现的目标会让你更加坚定自己的想法，会提高你的学习效率。

没有目标，你会失去方向，也不会体会到时间的重要性。目标过大，会让你失去斗志，怀疑自己。短期可实现的目标，就像马拉松的补水站，让你动力十足。

第二，找到学习的乐趣。

乐学才会自学。想一下，为什么游戏对你的吸引力那么大，即便是很复杂的新技能你也能无师自通，那都是因为你对游戏感兴趣。学习也是这样，什么时候你觉得学习是一件非常有趣的事，你的求知欲和学习欲望爆棚时，你的自觉学习的主动性也就增加了，那成绩自然也就会直线上升了。

第三，选择正确的学习方法。

高效学习的关键是选择正确的学习方式，如何自学效果最好，如何上课才会注意力更集中，如何写作业才会达到巩固知识的目的等，都是你需要思考的问题。而且，现在有很多的学习方法，你要学会选择，从众多的方法中为自己"定制"最适合的那一个。"工欲善其事，必先利其器。"好的学习方法是实现高效学习的关键。

第四，合理安排时间。

效率是与时间息息相关的，短时间内完成更多的任务才能称之为高效。如果为了学习，去打疲劳战，那很难取得好的学习效果。所以，一定要合理安排好自己的作息时间，保证在学习的时候专心，在休息的时候安心。

学生时代十分短暂，学习成绩只能衡量你一时的成就，而高效的学习方法将会陪伴你一生，成就你一生。

第四课

自制——你之所以表现不好，是因为自制力不强

> 我们没有必要比别人更聪明，但我们必须比别人更有自制力。
>
> ——沃伦·巴菲特

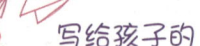

1 自制力强的孩子，学习成绩都很优异

"妈妈，我再看十分钟电视，就十分钟。"然后，你一直看到了深夜。

"好的，我不玩手机了，我马上就放下。"后来，你玩到了手机没电。

你是这样的孩子吗？你常常有管不住自己的感觉吗？如果你已经觉察到自己无法管控自己了，那说明你是一个自制力很弱的孩子。

看看班级中的优秀学生，他们一定是自制力超强的孩子。自制力，我们可以简单理解为自我管理的能力。为什么你常常听到妈妈的唠叨、爸爸的批评，因为他们觉得你是无法管理自己的，所以他们要帮你管理自己。

其实，手机、电脑、游戏等就像一块诱人的蛋糕，自制力强的孩子会告诉自己，一定要完成任务后，再去享受美味。而自制力差的孩子，会边完成任务边看蛋糕，最后忍不住就开吃了。结果，吃蛋糕时，带着任务未完成的担心，无法尽情地享受美味；而完成任务时注意力总是无法集中，心中总想着吃蛋糕，结果将任务弄得一团糟。

郭明就是这样的孩子。他居住的小区离学校很近，所以他每天自己上下学。之前他的学习成绩虽然不算突出，但也还是可以的。可是最近他上课总是没精打采的，有时趁老师不注

第四课
自制——你之所以表现不好，是因为自制力不强

意还会趴在桌子上眯一会儿。

图 4-1 自制力是好成绩的保证

原来郭明最近迷上了漫画。他居住的小区门口新开了家漫画书店。每天放学之后，他总会跑到那里去挑几本漫画，带回家看。

其实，爱读书也不是什么坏事。但是郭明没有能够合理地安排看漫画与家庭作业的时间。他把漫画书放在写字台上。有时写着作业，他也会忍不住地打开漫画书瞄几眼，有时干脆把作业丢到一边，抱着漫画书看。

所以，有时到了晚上十一二点，郭明还在写作业，而且作业的正确率也明显下降了。妈妈因为此事还向学校反映过，抱怨作业太多。老师解释说，并没有留那么多的作业，建议郭明妈妈多观察下，并询问一下郭明的学习情况。

于是，妈妈开始注意郭明的学习表现，发现他因为看漫画而耽误了学习。妈妈没有办法，只好亲自监督郭明写作业。郭明虽然不想让妈妈监督学习，但他也没什么办法。结果是只要妈妈一离开，他的心就开始痒，就忍不住翻漫画书。

虽然在妈妈的监督下郭明成绩还不错，且考上了重点高中，但是一住校，没了妈妈的监督，郭明禁不住诱惑的老毛病又犯了。这次他玩起了游戏。上高一刚刚一个月，他的成绩就从年级前50名跌到了600多名。在不得已的情况下，妈妈只好帮郭明申请走读，继续监督他学习。

但是，这种办法只能解一时的燃眉之急。如果郭明的自制力还是很差，妈妈可以陪他读高中、陪他读大学，但是总不能陪着他工作吧？

自制力是指一个人的自我约束能力。一个自制力强的人，意志力也会很强，而意志力将会直接影响人的一生。那么，你一定会感到疑惑，怎样才能培养自己的自制力呢？最简单的办法就是"说一不二"，自己订下的计划不要轻易改变，自己定下的时间就要遵守，管住自己躁动的心，管住自己要分神的大脑，要禁得住诱惑。虽然一开始你可能会觉得很难，但只要坚持一段时间，你就会发现你的改变会让你觉得骄傲。

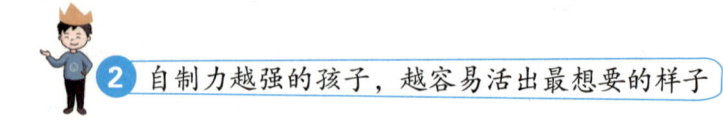

2 自制力越强的孩子，越容易活出最想要的样子

你是一个能管得住自己内心的人吗？简单来说，当你的

第四课
自制——你之所以表现不好，是因为自制力不强

学习时间加长的时候，你是专心致志地去完成，还是心生烦躁了？其实，孩子的注意力集中时间是有限的。那么，为什么有些孩子的注意力时间刚刚达到平均值，有些孩子却可以高度集中更长的时间呢？

其中起作用的便是自制力。能够高度集中注意力较长时间的孩子，一定自制能力较强。他可以控制住自己摇摆的内心。而这样的孩子，往往会有一个明确的目标。他们更容易活出自己想要的样子。

培培是某网络公司的高管。她在上学时就是一个"狠人"，对自己要求极其严格，而且她的目标很明确。她说："我要走出农村，在城市买房，让爸爸妈妈过上好日子。"立下这个目标时，她刚刚上初中。

培培在每个学期开始时，都会立下一个小目标，且将自己本学期的计划也列得极为清晰。培培的一天是"分时间段"的，而每个时间段她都严格地按计划完成。在整个中学时代，她为自己制订了严格的自我成长计划，并且按部就班地实施自己的计划。

上大学后，好多人都被外面的世界迷住了眼睛，本就负担不太重的大学课业大家更是不放在心上了。但是，培培仍然没有放松。她除了学习本专业的知识外，还常常去旁听其他专业的课程。在她的观念中，最不可容忍的就是拖沓。

有一天，她因为回学校时路上堵车耽误了英语的背诵计划。等晚上大家都休息后，她一个人跑到厕所去完成了计划中

的英语背诵任务。人们都说，培培对自己"狠"，但也正是这样的"狠"劲儿，让她成就了自己，实现了自己的人生目标。

培培活出了自己想要的样子，全凭着她那种坚韧的精神和高度的自制力。

每个人都是平凡的。那些成功者之所以成功，是因为他们比别人更加坚韧。就像如果你是一个小胖子，你想减轻体重，只有一个办法就是"迈开腿管住嘴"。假如你做不到，你始终是个小胖子。但假如你做得到，你的体重就会降下来。所以，有这样一种说法，凡是胖子，他们的自制力通常会比较薄弱，因为他们无法拒绝美食的诱惑。

那么，你现在一定是迫不及待地想知道如何提高自制力了吧？以下几条建议供你参考。

如何才能有效提高自制力？
◆ 明确自制力的影响因素
◆ 排除干扰，果断行事
◆ 用时间控制自我
◆ 对自己"狠"一点儿

要做有自制力的乖孩子哟！

图 4-2　如何提高自制力

第一，明确自制力的影响因素。

第四课
自制——你之所以表现不好，是因为自制力不强

自制力，也是一种自控能力。那么影响人自控力的因素都有哪些呢？如愿望、动机、行为、情绪等。简单来说，你的自制力差，是因为你无法控制自己的想法造成的。当你心中蠢蠢欲动时，你的情绪就会变得焦躁，所以你就开始控制不住自己了。要想提高自制力，就要明确什么因素影响了你的自制力，只有对症下药，才能药到病除。

第二，排除干扰，果断行事。

提高自制力，最根本的方法是树立正确的人生观、世界观，保持乐观向上的健康情绪。所以当你的自制力受到挑战时，一定是你的心中被外界的某个因素干扰了。那么此时就要果断地排除干扰，尽快恢复自制的状态。

第三，用时间控制自我。

很多自制力差的人都有"拖延症"，也就是说，他们对时间的要求不明晰，总会觉得还有时间，往后拖一拖没关系。针对这一情况，你可以制定一张时间表，让时间表去约束你，你再约束自己的内心。

第四，对自己"狠"一点儿。

自制力差，肯定是受到了什么的影响。对于那些影响因素，你要"狠"一点儿。比如你未能控制自己想玩手机的念头，那么你可以让妈妈把手机拿走。如果你无法控制自己想吃蛋糕的冲动，那么就把蛋糕分给家人吃掉，或者丢进垃圾桶，总之断了这个念想，就不会再胡思乱想了。

如果你想要活成自己想要的样子，那么就从现在开始，培

养自己的自制能力。一个自律的人,走到哪里都是优秀的人。

3 自制力强的孩子,都会成为真正强大的人

孩子,你在做一件事情时会拖延吗?家庭作业,你是一口气写完,还是边写边玩呢?爸爸妈妈对你的约束力很强吗?

如果爸爸妈妈对你的日常生活约束和管教很严的话,那可能是因为你的自制力很差哟。此时,你要学会自控,锻炼自制力了。一个人的自制力,不单单是让自己不再拖延,能够好好学习,也是一个人品质的表现。自制力强的人的自律性、忍耐力及意志力也是很强的。而且拥有这些品质之后,你将会成为真正强大的人。

比如学习,当你的自制力强大之后,你会禁得住诱惑,不会再拖延,也不会因为学习的艰苦而放弃。

比如运动,当你的自制力强大之后,你便不会因为运动项目的强度和难度而退缩,也不会因为运动极限的折磨而放弃。

比如做事,当你自制力强大之后,哪怕遇到再大的困难你也会坚持下去……

小斤的自制力很差。他不只是上课不注意听讲,课后作业也需要妈妈不停地叮嘱、监督才能勉强完成。老师建议妈妈锻炼小斤的自制力。但是妈妈总觉得孩子还小没有必要要求这么严格。她还跟老师说:"我们现在能管就多管点儿。孩子长

第四课
自制——你之所以表现不好，是因为自制力不强

大了，就能管住自己了。"

结果，小斤并没有如妈妈所想的那样长大了就好了。现在上高中的小斤自制力依旧很差，很多事情常常半途而废，只要一遇到困难便会放弃。此时，小斤妈妈又说："上高中了也是孩子。他的身体不好，坚持不下来，就别强迫他坚持了。"

如今，小斤已经到了工作的年龄。他一年换了八九个工作，每个工作都是因为遇到一点儿困难或者情绪不好就会辞职。此时妈妈很发愁。小斤自己也觉得很麻烦，可是控制不住自己的内心。他一看到复杂的工作内心就开始退缩，遇到一点儿事情内心就会急躁。年过三十的小斤现在依旧一事无成。

如此看来，拥有强大的自制力，不只是会促进你学习成绩的提升，更重要的是它会成为你强大自己的基础。那么如何才能提升自制力呢？让我们按以下方法试一试吧。

图 4-3 提升自制力要"两手抓"

第一，控制欲望。

写给孩子的 自我管理课

人都是有懒惰心理的。人的内心往往会倾向于令自己感到较为舒适的事物，于是人便会产生欲望。人只有控制住了自己的欲望，才能把事情按照预定目标做下去。

比如，你决定晚上9点前完成作业。在此期间，你就要集中所有的注意力，强制自己不被外界吸引。你预定早晨5点起床跑步，那你就要在闹铃响起的那一刻，马上醒过来，强迫自己克服困意，起床跑步。

一个缺少自控力的人身体就像不属于自己一样。而且，一旦人无法控制自己，与小动物又有什么区别，还会有什么能力去做事情呀！

第二，控制情绪。

很多时候，当你强迫自己做一件事情时，情绪也会跟着烦躁起来，所以此时一定要控制好自己的情绪，学会转移注意力。做好情绪管理，无论是在工作或是在生活中，都是很重要的。用忍耐力控制好自己，便是情绪管理的诀窍。

如果一个人能掌握自己的情绪，便可以战胜周围的环境，阻止一切负能量的输入。有人做过一个很好的比喻："自制力就像一位将军，他能将一群乌合之众，调教成一支训练有素的军队。"

4 自制力强的孩子，有两个显著特征

主人牵着一只小狗过桥回家吃饭。小狗看到了水中的肉

第四课
自制——你之所以表现不好，是因为自制力不强

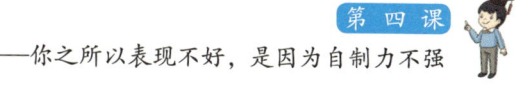

骨头，就停下了脚步，馋得流下了口水。主人拽了拽绳子，小狗急得大叫。

你觉得这只小狗要不要快点儿跟主人回家呢？你觉得这只小狗为什么会急得大叫呢？

一个没有自制力的孩子就像这只小狗，只有大家牵着绳子拽着他才会前进。在前进的过程中，他常常被一些欲望吸引。此时，如果有人拦住，不让他按自己的欲望行事时，他便会变得很急躁。小狗表现出的就是缺乏自制力最典型的两个特征——无法控制欲望及情绪。

也就是说，一个自制力强大的孩子身上有两个最优秀的品质，就是可以控制自己的欲望和情绪。

图 4-4　自制就是战胜"欲望"和"情绪"

点点是爷爷奶奶带大的孩子。在老人家的宠爱下,点点变成了骄横、以自我为中心的孩子。爷爷奶奶管不了她,她也从来不会听任何人的话。

上小学后,爸爸将她接了回来,妈妈也加强了对她的约束。点点忌惮妈妈的威严,平时不太敢违抗。但是点点并不能真正地控制自己。在写作业的时候她会想着玩手机,上课的时候她会想着自己的芭比娃娃,这导致她做什么事情都没有兴趣,学习成绩一直在中下游徘徊。

一次妈妈出差,点点就像变了一个人似的,又是看电视,又是玩手机。作业不写,谁的话也不听,爸爸监督她写作业,她便大发脾气。

妈妈回来了解了点点的情况后,便带着她一起参加了一个野外训练营活动。点点听到可以出去玩,高兴极了。

活动中有一个野外求生的项目。开始点点高高兴兴地跟着妈妈走。可是妈妈一不小心将脚崴了,点点只好扶着妈妈,背着背包,一会儿就累得满头大汗,坐在了地上。看着周围的叔叔阿姨和小朋友都走到前面去了,点点哭着对妈妈说:"妈妈,你脚怎么回事呀?你快起来走呀!"

但妈妈实在是无法自己往前走,点点便坐在地上开始吃东西。一会儿背包中的食物便被她吃完了。她又哭起来:"我饿了,我想回家,我不玩了。"

妈妈此时没有说话。之后,点点又开始大发脾气,抱怨妈妈带她来参加这种活动。

第四课
自制——你之所以表现不好，是因为自制力不强

过了一阵儿，点点不说话了，情绪也渐渐地稳定下来。这时妈妈说："点点，如果你一直在这儿发脾气、玩儿，我们是永远没有办法走回营地的。现在妈妈受伤了，我需要你的帮助呀。"

点点又流下了泪。不过，这次她没有哇哇地大哭。她扶起妈妈，背起空背包，向前走去。

最后，她们回到营地时，别人已经吃完晚餐休息了。点点为没有吃到晚餐而伤心。妈妈从口袋里拿出一小块饼干说："点点，你看，如果我们中途不停下来的话，会更早地回到营地，也许还能吃到晚餐呢！"

点点吃着饼干，点了下头。妈妈又说："点点，一个人能够禁得住诱惑，能够控制住自己的情绪，就会成为强大的人。你觉得你可以变得强大吗？"

"能，妈妈，我可以的。"点点大声地说。

禁得住诱惑，控制住情绪，这是一个人很重要的品质。自制力强的人恰恰拥有这两个显著特征。因为自制力强大的人，不会被周围的诱惑和内心的欲望所左右，也不会因自己的情绪失控而做出错误的选择，失掉成功的机会。

孩子，你拥有这两个重要的品质吗？如果还欠缺，那就从现在开始培养吧。

5 小心！切勿因一时的放纵，让自己抱憾终生

人啊，有些时候真的是管不住自己。特别是自制力差的

人，更容易被外界干扰。但是，孩子你知道吗？你觉得贪玩可能只是一件小事，抄别人的作业也是小事，但是这一件件小事所养成的习惯将会使你失去自我。一个没有自制力的人，往往就是因为在小事上没有严格要求自己，结果因一时的放纵，而遗憾终生！

在这个世界上，有许多人，在本该努力的年纪，却不懂得拒绝外界的诱惑，放纵自己的行为，虚度最好的时光。你要知道，时间是一去不复返的。在这个年纪，你选择了安逸，那么未来必将会付出相应的代价。

图 4-5　成绩就是在放纵中下降的

子义在小学时成绩十分优秀。在妈妈的辅导下，他始终处于年级前 5 名。后来升入初中，住了校，没有了妈妈的约束，子义自己开始放纵起来。

大家都在课堂上认真读书的时候他找各种理由偷偷跑去

第四课
自制——你之所以表现不好，是因为自制力不强

操场玩儿。晚自习与同学找个理由请假，跑出校门到网吧与别人一起玩游戏。从升入初中以来，他的学习成绩直线下降，别说年级名次，甚至在班中排名的位置都已经很靠后了。

班主任找子义谈话，子义说："老师，您也知道青春一去不复返，不趁着青春好好玩，等七老八十了再玩呀？"

班主任找到子义妈妈，子义妈妈也很伤心。可当她劝子义的时候，子义并不认同，甚至闹起了退学。妈妈便再也不敢说什么了。就这样坚持到了初中毕业，子义说什么也不想再上学了。无奈之下，妈妈只能同意。

退学后的子义快乐极了。他觉得，学校就是监狱，天天有人管。不上学多好，没人管，想玩就玩，想睡就睡。子义妈妈因为他的退学添了偏头疼的毛病，天天睡不着觉。爸爸见此情况，便决定好好地教育一下子义。

他叫来子义，说："孩子，你长大了。以后我不能再管着你了。你去市区的空房子住吧。爸爸给你100块钱，你自己找工作，自己打工养活自己。"

子义一听，兴奋极了。这是马上要实现财务自由了呀。他欢快地搬了家。100元吃了一天就只剩下16元了，他只好去找地方打工。结果，他没学历、没专长，年龄又小，最后找来找去，只有一家小饭店同意让他当服务员。

子义很高兴，憧憬着自己的未来。但是，第二天现实便狠狠地打了他一巴掌。他摔了盘子，打了客人，被老板扫地出门了。后来，他又在洗车房、生鲜店等地方工作过，没有一家

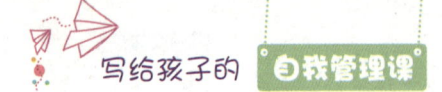

待过一周，而且还累得爬不起来了。

他开始怀念学校的生活，开始知道了学习的重要性。终于，他忍不住了，跑回家，求爸爸妈妈让他继续上学。妈妈说："上学可以，但你已经不能跟其他同学一样正常考大学了。你只能考一个专业技术类学校，学习一技之长，将来养活自己。"

子义听到这里，痛哭起来。但世界上哪有卖后悔药的呀，既然你选择了放纵自己，就要为此付出代价。而这个代价将会成为你一生的遗憾。

所以孩子，在该奋斗的年纪就不要选择安逸，在该自控的时候就不要选择放纵，不要将一时的快乐建立在未来终生遗憾的基础上。

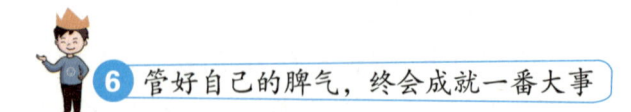

6 管好自己的脾气，终会成就一番大事

"我脾气不太好，你们别惹我！""你知道我现在多么烦吗？还催我写作业！""烦死了！我不要上课，我不想上课！"……

你身边有没有朋友常常这样抱怨，或者你有没有说过这种话呢？我现在要告诉你一个词语——情绪管理。情绪管理，简单说就是让自己本能的情绪变为可控制的情绪。那些优秀的人往往能够很好地管理自己的情绪。情绪管理能力强，也就是人们常说的情商高。因此对于你来说，如果想要取得一些成就，一定要管好自己的情绪，别乱发脾气。

第四课

自制——你之所以表现不好，是因为自制力不强

许多事实表明，那些自我控制能力差，连自己的情绪都管控不好的人，是很难做成什么大事的。因为坏的情绪会干扰到自己学习、工作的节奏，也会使自己陷入阴霾中。比如，你写作业时遇到难题，因为无法解答而变得烦躁的时候，哪怕你发再大的脾气，作业还是摆在那里，等着你自己去写。况且，你发脾气既浪费了时间又干扰了自己的思路，有百害而无一利。

你听过张良的故事吗？苏轼曾经写过这样一段故事，刻画了张良情商极高的形象。情商高的人不是没脾气，而是善于控制自己的情绪。因为他们知道脾气在什么场合可以发泄出来，在什么场合就要收敛。

图 4-6 "捡鞋子"

一天，张良闲步沂水圯桥头。一位穿着粗布短袍的老人走到张良的身边时，把鞋一脱扔到桥下，对张良说："小子，

下去给我捡鞋！"

张良觉得这位老人蛮横的态度很奇怪，心里也有一点儿生气，但想到对方是一位老人，便忍住怒火把鞋捡了回来。

没想到老人非但没说谢谢，还跷起脚来，命张良给他穿上鞋子。此时的张良真想挥拳揍他，但还是强压怒火，蹲下来帮老人穿鞋。老人穿上鞋，站起身来，大笑着走了，只剩下张良呆呆地站在那里。

没想到一会儿老人又回来对张良说："孺子可教矣！你五日后还到这里等我，我们凌晨再见。"

五天后的凌晨，张良急匆匆地赶到桥上。此时老人已经在桥上了。他一见张良，就训斥道："与老人约，为何误时？五日后再来！"说完，转头就走了。

五天后，张良来到桥上时，结果老人又先到了，他又挨了老人的一顿训斥。

第三次，张良干脆不睡了，头一天夜里就赶到桥上等老人。老人看到早早等候的张良哈哈大笑，送给他一本书，说："读完此书，可以做帝王的老师。十年后天下大乱，你可用此书兴邦立国。"

张良拿到书后十分高兴，原来老人给他的书是《太公兵法》。从那日起，张良日夜研习兵书，后来成为一个运筹帷幄、决胜千里的军事家。他跟随刘邦，成为西汉开国功臣。

谁都有脾气，只不过有些人急躁的时候能够有效地控制自己的情绪。只有那些有着极强自制力的人，才能够管理好自己的情绪，不乱发脾气；才能够不为外界干扰、冷静沉着地做事，成为生活的强者。

7 从这几方面努力，做自制力强大的人

如果你想爬到楼顶去，你不能凭空飞起来，那你会有几种方法呢？你也许会选择爬楼梯、乘坐电梯。思维开阔的同学会想到塔吊、直升机。当你把这些方法总结出来后，你会发现，无论哪一种方法都是需要你去参与的。

爬楼梯锻炼了你的意志力，坐电梯考察了你的反应速度，而选择塔吊和直升机的同学一定是想象力十分丰富并且很勇敢。

其实，与通往楼顶一样，如果你想成为一个自制力强大的人，就要明白努力的方向，采取正确的努力方式。一个人的自制力并不是与生俱来的，而是后天培养出来的。下面给你介绍一下如何培养自制力。

第一，从主观认识上改变。

很多孩子的自制力之所以差，并不是他们不想拥有自制力或者根本就不具备条件，而是他们并没有认识到自制力的重要性。再加上平时爸爸妈妈在他们的学习和生活中参与过多，给他们造成了"反正有爸妈管我，我要自制力有什么用"的想法。正是这种错误的想法导致以下的情况层出不穷：作业出错，怨爸妈没检查；上学迟到，怪爸妈没叫醒；挨老师批评，怪爸妈没本事等。久而久之，这样的孩子便学会了推卸责任，将一切都怪罪到周围人的身上。别说培养自制力了，他们连自我都无法认清。

图 4-7　如何拥有强大的自制力

所以，提高自制力最需要的，就是树立对自制力重要性的正确认识，同时还要树立正确的人生观、价值观。只有这样，才能够明确自制力源于自身的道理。

第二，稳定情绪。

自制力差最外在的表现便是情绪不稳定。每个人的情绪都会受到外界干扰，但是自制力强的人往往能够控制住自己的情绪，用合理发泄、注意力转移、迁移环境等方法，把坏情绪消化掉。

比如当你写作业写到心情烦躁时，你可以做一下运动，将情绪转移一下,然后继续学习。再比如你对一些读起来比较吃力的文章感到头疼时,你便可以将文章化为段落,将大问题化为小问题,巧用阅读技巧来完成题目。

稳定的情绪更容易让人保持清醒。自制力强、善于管理情绪的人,不会因一时冲动而犯下大错,也不会因情绪不稳而无法专心。

第三,确定自己想要做的事。

很多孩子学习不专心、自制力差,是因为想要的太多,无法专心致志地做一件事情。古人说:"鱼,我所欲也;熊掌,亦我所欲也。二者不可得兼,舍鱼而取熊掌者也。"

人的一生,很多时候,需要我们做出选择和取舍,我们不可能什么都能得到。写作业,就专心致志地完成作业;玩,就痛快地玩。但是,也有很多同学,一放假就开始了"明日复明日"的生活。他们写作业时一心想着出去玩,玩时又担心没有时间写作业。这样的孩子自制力一定是很差的。因为他的心里没有目标,不知道自己到底要什么。时间就这样在蹉跎中过去了。等到开学时,他才发现作业还没有做好。

第四,强化积极思维。

自制力主要表现在两个方面:一方面是自控,比如控制好学习中不利于自己的恐惧、犹豫、懒惰等情绪和行为;一方面是抑制,应善于在实际行动中抑制冲动行为。

而培养自制力,首先要强化的一定是积极的思维,要发自内心地、积极地改变现状。第一位成功征服珠穆朗玛峰的新西兰人埃德蒙·希拉里说:"我真正征服的不是一座山,而是我自己。"登山运动员的自制力是在磨炼中形成的。他们的意志力、自律等也是通过实践锻炼而获得的。

所以,如果你想培养自制力,可以经常做一些积极的自我控制训练。比如,你可以定好闹钟,每天坚持晨跑;也可以制订学习计划,拒绝游戏的诱惑,规定自己每天必须完成既定的学习计划。

一个人的自制力是可以通过一定的训练来提高的,但是这个训练也需要当事人自己内心的配合。如果你现在的自制力较差,那就对自己"狠"一点儿吧。

8 找长辈监督自己,能更快提升自制力

孩子,自制力虽然需要通过自己的训练和坚持才可以变得更强,但如果你总是无法进入自我管控的状态,就需要寻求一些外力的帮助了。比如古人的"头悬梁,锥刺股",就是在学习过程中,当注意力无法集中时,用一些手段强迫自己保持清醒。当然,培养自制力最有效且直接的方式还是求助于他人的监督。

为什么随堂作业比家庭作业的正确率高呢?那是因为随堂作业有老师监督,你也会变得更加认真,而家中如果缺少父母的监督,你的专注力就有可能分散,常常被与学习无关的事物吸引,正确率也会相应地降低。

第四课

自制——你之所以表现不好，是因为自制力不强

当你想提高自制力时，你就已经有了一个很大的进步了，因为你已经主观上认识到了自己缺乏自制力的不足，有了做出改变的愿望。但是，有些时候并不是你想自我管控就能够实现自我管控的，此时你便可以邀请长辈监督你，帮助你逐渐地培养自我管控的能力。

李雷上小学三年级了。新学期增加了一门新课——英语。可是对新事物接受较慢的李雷不喜欢学英语。而且，班里有些同学来自双语学校，有一定的英语基础。他们用英语跟老师谈话时，李雷根本听不懂。这让他越来越自卑，越来越讨厌英语。

李雷对爸妈说了自己的情况，请求爸妈帮他走出困惑。于是，爸爸妈妈便围绕如何督促李雷学好英语制定了许多办法和措施。

每天爸爸督促他听单词、读单词，妈妈陪他上英语辅导班，读英语读物。但李雷还是提不起兴趣来，每次做英语作业都是拖拖拉拉，找各种借口拖延。一个学期下来，他的英语成绩没有任何提高。

看到这种情况，妈妈又换了方法，重新布置了李雷的房间，买了新的书桌和书柜，并且把那些英语读物都摆在书柜显眼的地方。妈妈还将英文单词、英文名言等制作成小卡片，贴到房间的各个角落，甚至将闹铃也调成了英文歌。

爸爸和妈妈还约定，在家对话时尽量使用英语，给李雷

更多的学习英语和练习英语口语的机会。

在爸妈的帮助下,李雷的英语成绩有了很大的提高。他高兴地说:"谢谢爸妈的监督与努力,我现在已经不那么烦英语了。以后你们放心,我会继续严格要求自己,让英语成绩更好的。"

李雷英语成绩的提高得益于爸妈的监督,而且李雷妈妈并没有像很多妈妈那样站在一边,拿把尺子,大声训斥:"你认真点儿!"因为那不是监督孩子学习的正确方式。可见,父母监督孩子学习时的方式也很重要。孩子,当你向爸妈求助时,可以告诉他们以下几点:

第一,监督的目的,是给予提醒。

有的父母看到孩子学习拖拖拉拉、分神时就会很着急,父母因为管理孩子而气得血压高的现象时有发生。所以你要告诉爸妈:"你们监督我学习时,请不要催促、打骂。在我稍有走神时,提醒一下就好。我会很努力的。"

第二,监督可以,请不要评价。

很多时候,你不喜欢爸妈监督学习,是因为你不知道错误出现时,他们已经着急了;或者你稍有走神、分心时,他们便劈头盖脸地一顿训。所以请父母监督时要"有言在先":"我注意力分散时,您可以提醒我,但请不要训斥。因为您的训斥会让我莫名慌乱。"

第 四 课

自制——你之所以表现不好，是因为自制力不强

图 4-8 监督可以，不要评价

　　自控力的培养，是从日常的生活习惯开始的。在孩子还小的时候，父母就应该有意识地培养孩子的自控力。等长大后，他们就会成为自制力很强的人。所以，你要从现在开始，培养良好的作息习惯、控制好情绪和言行，不贪食、不退缩，邀请爸妈监督你，当你松懈或者管不住自己时，让爸妈提醒你一下，帮你逐渐培养自我管控的能力。

第五课

自信——摆脱自我怀疑，自信的孩子了不起

要有自信，然后全力以赴。假如具有这种观念，任何事情十之八九都能成功。

——托马斯·伍德罗·威尔逊

1 信心满满的孩子，去到哪儿都招人喜欢

很多家长，最常告诉孩子的是要懂事、要努力、不可以说谎等，但很少有人告诉自己的孩子要自信。其实，自信对一个孩子的个人成长是极重要的。

人们常常见到一上台就哭、双腿发抖、面部变形的孩子。很多人说，这是孩子紧张造成的，等不紧张就好了。其实紧张只是一种心理反应。要做到心里不紧张，就要知道让你紧张的原因是什么。归根结底，许多时候，紧张是人们的不自信造成的。

图 5-1 每个人都该戴上自信的桂冠

有人认为，紧张是因为心理素质差。但如果你准备充分、

自信满满，又怎么会心理素质差呢？于是，我们常常看到这样的现象，那些上台大方得体的孩子往往学习成绩也不错。哪怕学习成绩一般，他们的专业能力也是很强的。因此他们才能够自信地站在台上。而且那些自信满满的孩子往往能够获得更多的锻炼机会，他们也因此更加自信，更加招人喜欢。相反，那些没有自信的孩子哪怕想锻炼也是没有机会的。

柔涵是一个各门功课都很不错的小姑娘。上幼儿园时，她就参加省舞蹈大赛，拿了奖。她对自己的要求很严格，凡事不允许自己落后。

各项功课她都是提前预习。如果参加什么活动，她更是要在家里练习几十遍。人人都看到了她自信满满的样子，却不知道她背后有多努力。

有一次，学校组织亲子朗读比赛。她与妈妈、弟弟在家里排练了无数遍，节目很顺利地通过了学校选拔，进入市级比赛。但是，自从进入决赛后，弟弟就开始不停地打退堂鼓。"姐姐，我不想参加了，你和妈妈一起去吧，好不好？""妈妈，我上台嘴就张不开，我不要参加了。"……

比赛作品已经报上去了，如果弟弟退出就会少了一个人。但是无论怎么劝，弟弟都不想参赛了。此时，邻居的孩子小争找到了柔涵。小争见人不说话，整日低着头。甚至有人高声说话都会吓他一跳。

小争对柔涵说："姐姐，我想参加。"

"不行，你连上讲台都紧张，怎么参加比赛？"弟弟说。

"我不是和你抢，我听说你不想参赛了。"小争说。

"是！"弟弟说，"那是因为我觉得自己不行。可是，我觉得你也不行。"

这时，几个邻居也围过来，你一言我一语地说："小争不行，平时胆子就小。""是，长得倒是挺好看，就是走路老低着头。""说话声都那么小，还能上台？"……

听了大家的议论，小争的脸涨得红红的，但他还是坚持对柔涵说："姐姐，我想参加。"

柔涵虽然很怀疑小争的能力，但还是答应了。

通过两次排练，柔涵惊讶地发现，平时畏畏缩缩的小争状态竟然这么好，不仅声音到位，感情也很到位。他们一起到小区的公园排练，以此锻炼自己的胆量。小争的爆发力真的是不容小觑。他们的表演得到了一阵又一阵热烈的掌声。

最终，他们一起参加了大赛，取得了市级第三名的好成绩。赛后，柔涵问："小争，你怎么这么厉害？"

小争说："姐姐，不是厉害，是我有信心，因为我知道我的能力。"

那次比赛后，小区里的人们见到小争后都会打招呼，而小争也会昂着小脸回应："您好！"

自信，可以让你内心强大，也会让你证明自己，更会让你拥有脱胎换骨的能力。最重要的，如果你想让别人认可你、赞扬你，前提就是——要拥有自信。

第 五 课

自信——摆脱自我怀疑，自信的孩子了不起

2 自信，孩子未来成功的基石

"真羡慕你家孩子，我家这个啥也不会呢。""啊，你看你个子真矮！""别说了，话都说不清呢还那么多话！""你也就这样了，不可能再有进步了。"……

孩子，你的爸爸妈妈说过上面类似的话吗？有多少孩子听到过爸爸妈妈的这些话呢？望子成龙、望女成凤的想法都可以理解，但是凭借打压孩子来提高孩子上进心的方法真的是不建议再使用呀。特别是在孩子高兴的时候，这类话会像一盆冷水直接浇下来，严重地打击孩子的自信心。

图 5-2 责骂是压死自信的"凶手"

自信是走向成功的垫脚石。假如别人将你的垫脚石一点点地消耗掉，你又怎么能走向成功呢？孩子，我们不能改变爸爸妈妈的习惯，但要理解他们的内心，所以再听到这些话时你一定要知道，爸爸妈妈是在为你加油，给你动力，千万不要会错意。因为你错误的理解往往会消耗你自己的自信心。

王子健是个"坐不住"的孩子。刚入学的时候，老师为此极为发愁。往往上课上到一半，他就会如坐针毡，甚至有时还按捺不住地在教室里走来走去。有些时候王子健甚至还会去"骚扰"其他专心听讲的同学。为此，王子健没少被同学"投诉"。

老师找来王子健妈妈，说明了王子健在学校的表现。妈妈点头，应允与老师一起合作"治"好王子健。于是，王子健在"围追堵截"之中败下阵来了。

王子健上课时坐得端端正正，回家第一件事就是马上写作业。唯一值得惋惜的是王子健不爱笑了。老师说那是"长大"的表现。

在幼儿园时，只要有什么比赛活动，王子健总是第一个报名。这次学校组织街舞大赛，虽然王子健最擅长街舞，但是他没有报名。

妈妈对此很奇怪，王子健之前一直很积极地参加各种比赛活动，这是怎么了？难道是怕影响学习吗？孩子现在竟然这么优秀了，一心想着学习也是一件好事。

此时，街舞老师打来电话，邀请王子健参加学校街舞大赛。因为街舞老师就是比赛裁判,他要看看王子健有没有进步。妈妈高兴地答应了。

但是没想到,妈妈刚说完,王子健"哇"的一声哭了。他哭着说:"妈妈,我跳不了了。我昨天偷偷到新搭的台子上试了试,我的腿是直的,腰也是直的。"

"怎么会这样?"妈妈吓了一跳,这才意识到问题的严重性。

爸爸回来了,妈妈给他说明了情况。王子健还在哭。爸爸问:"孩子,你跳舞时想到了什么?"

"我想我要跳好。"王子健回答。

"不是,你一定要告诉爸爸,你想到了什么?"爸爸又问。

"我想妈妈和老师说的'不许动'。"王子健又哇哇地哭了,"老师说,我什么都不行,更别说跳舞了……"

爸爸劝了王子健很久,还打开王子健以前的街舞视频赞扬他的优秀。渐渐地,王子健不哭了,也跟着跳起来。后来王子健发现自己好了,身体不僵了。他高兴地拍起手来。

爸爸对妈妈说:"你为了他能安静地上课,就要剥夺他的骄傲吗?你将孩子的自信打击没了,那他还有什么成功的机会?"

孩子,当爸爸妈妈批评你时,你要理解一下爸爸妈妈望子成龙的迫切心情。他们并不是想打击你,而是想让你变得更优秀。所以请你守住自己的信心,相信自己可以。因为自信是你走向未来的灯塔,更是你成功的基石。

3 越自卑的孩子，能力与潜力越难发挥

孩子，你是一个自信的人吗？一个人拥有自信，就像拥有了翅膀，想要飞到哪里就可以飞到哪里。与之相反，一个自卑的人常常否定自己，而这种自我否定，也就导致他的能力与潜力无法得到充分的发挥。如此循环，自卑的人就会一事无成。

自卑就是一把可以抹杀你所有热情的剑，以致你无法看清自己。哪怕你明知道自己可以做到，但自卑的你也会说："不可以，我是做不到的。"

图 5-3　自卑会让人不断地否定自己

第五课

自信——摆脱自我怀疑，自信的孩子了不起

许洋，是一个特别优秀的孩子。因为父母在乡镇工作，他一直在镇上的小学读书。他的学习成绩一直很好，获得了很多项奖励。他还代表乡镇参加市级比赛，并且顺利地进入了省级比赛。

现在父母因为工作调回市区，许洋也跟着转学到了市区的实验小学。许洋所在的班，据说是年级的最强班，学生们都十分优秀。这对许洋造成了很大的压力。再加上老师常说："你是乡下转来的，所以很多知识你可能不懂。你要勤奋学习，多向同学请教。"

一句"乡下转来的"，成为同学们调侃许洋的常用词，甚至一些调皮的孩子叫他"乡转"。很长的一段时间，许洋变得不那么活泼了，学习成绩也持续下降，就连上课他也常常低着头。

妈妈听说许洋的变化后，与许洋谈了一次话。

许洋说："妈妈，如果不是你们逼我转学，到现在我还是一个优秀的学生！也不会分到现在的班，我什么都不如他们。"

妈妈说："这个班是你们学校最优秀的班，学习氛围不好吗？"

"好呀，但是大家太优秀了，我是从乡下转学来的，我再努力也跟不上他们！"许洋伤心地哭了。

"许洋，你要放弃吗？"妈妈问。

"当然不是，我就是说，我努力也白努力，我底子太差了……"许洋回答。

"那么，你现在学习成绩下降，能力下降，都是别人的责任了？"妈妈接着询问。

"是，都是你们的责任。我以前学习成绩多优秀呀，还是学校学生会的成员……"许洋抱怨道。

妈妈听后，笑着问："那我问你，你转学后的学习态度和学习情况还是和以前在乡下学校一样吗？还是认真地听老师讲课，做好随堂笔记和考试小结吗？还是每天坚持复习和预习吗？……"

"当然，妈妈，我都做。"许洋坚定地回答。

"那你知道原因出在了哪里吗？"妈妈问。

"不知道。"许洋摇摇头道。

妈妈拍拍许洋的头说："那现在妈妈告诉你，你的一切都准备得很充分，就是因为你觉得自己不行，才出现了成绩下降。你一直对从乡下转学到市区这件事很在意。你现在的自卑，把你做出的所有努力都否定了。现在的学校很好，你只要努力也会做得很好。但你对自己这样没有信心，是任何人也帮不了你的。"

许洋若有所思地点着头。

从那天开始，许洋变得踏实勤奋起来。他再也不在乎别人说什么，也不再以自己之前在乡下学习而自卑了。小升初考试结束，许洋以优异的成绩考入了重点中学，而且他们班只有几个同学考入重点中学。

现在每当人们问许洋是哪个小学毕业的时，许洋总会略

第五课
自信——摆脱自我怀疑，自信的孩子了不起

带骄傲地回答："我之前在镇小学上学，六年级转到了实验小学。"

"乡下转来"这四个字，现在不再是让许洋自卑的原因，而是成为他的骄傲。虽然他曾在乡镇小学上学，但是他依然能够以优秀的成绩升入重点中学。

俗话说"英雄不问出处"，而且哪个英雄是在自我否定中炼成的呢？自卑只会让你情绪低落，对自己丧失信心，甚至自暴自弃、甘愿堕落而无法自拔。孩子，每个人都是独特的存在，无法复制，所以你要自信一点儿，让别人看到更优秀的你。

图 5-4　打破自卑，才能通往成功

写给孩子的自我管理课

4 成为"稳定型高自信"的孩子

快,快,集中精力,集中精力……为什么还是走神儿?

浑身紧张,我怕考试,啊,越来越紧张了……越想越是害怕。

又做梦了,又梦到卷子没答完。

……

孩子,这些事,你遇到过吗?当你因为一件事而感到紧张时,你就会发现,你越是说不紧张,身体便越紧张;考试时你越是怕,便越觉得题目难;上台后越是告诉自己别出错,反而更容易舌头打结……这其实都是心志不坚定的结果。

图 5-5 心志坚定,便不会被环境所影响

第五课

自信——摆脱自我怀疑，自信的孩子了不起

一个内心坚定的人，不会受到外界的过多干扰。他往往会表现出高稳定性的自信。这种自信，不会被一切事情打败，也不会随着环境的变化而变化。

小珍是班里的学习委员。她不但学习成绩好，乖巧听话，而且还多才多艺，唱歌、跳舞、弹琴、绘画，堪称"十项全能"。

平日课堂中的她安静而认真。她不会放弃任何一道老师讲过的题，也从来不会因为一时的低分而沮丧。偶尔的低分反而成为她加倍努力学习的动力。舞台上的她总是面带微笑，昂首挺胸。哪怕表演时偶尔出错，她脸上的表情也不会发生变化。有次表演跳舞时舞鞋的绑带开了，但她咬着牙跳完了整首曲子。绘画时的她沉静而灵秀，她的手很稳，下笔坚定，用色丰富。虽然她的绘画作品还没有那么出色，但凭她现在的眼神，也可以判断出她是一个不服输的人。

小珍的家庭教育也很出色。她的妈妈曾经说："我听过这样一句话：ّ父母坚信孩子是优秀的，那么孩子就会表现出优秀的行为。'我就是一直秉承这个原则去教育孩子的。"

小珍爸爸谈家庭教育秘诀时，说："我们有一句口头禅，'你从小就……'，每当小珍听到这句话时，她就会变得很自信。一个自信的孩子，她的一切学习都是出自自己的内在动力，而不是出自别人的压力。"

就这样，小珍成了班中少有的学习成绩极稳定且极自信

的孩子。一天，班里转来一个家庭条件不错的同学。这位同学的母亲在政府部门工作，所以他像一只骄傲的小公鸡一样，经常对同学颐指气使，也不在乎老师说什么。

老师让他与小珍同桌。小珍伏案认真学习，那位同学骄傲地对小珍说："你再学习，哪怕清华北大毕业，你也是比我低一等的。"小珍笑了笑，没有说话。

他又说："你这种小门小户的孩子，哪能跟我们比呢？你收拾下东西回家吧，不要在这里浪费时间了。"

小珍将书本往自己书桌边挪了挪，笑了笑，低头预习下一节课的内容。那同学急了："你是哑巴吗？你说话呀？笑什么笑，跟我有多蠢似的。"

小珍摇摇头说："我没有笑你，只是觉得我没有跟你争辩的必要。你的优秀以后会看到，不是你现在说说就可以的。"

那位同学气呼呼地抱着书包就去找老师换座位。小珍依旧坐在那里认真学习。

小珍是一个极自信的孩子。她不会被外界的声音打败，不会因为别人优秀而产生嫉妒心，更不会因为成功而得意忘形。这就是稳定型的自信。希望每一个孩子都能明白这样一件事：自信会助你成功，而自卑必然会成为你前进的绊脚石。

第 五 课

自信——摆脱自我怀疑，自信的孩子了不起

5 越成功就越自信，越自信就越容易成功

有这么一种现象，班中那些越是学习成绩优异的同学，他的其他方面往往也越优秀；越是经常参加各种比赛的同学，参加比赛的机会就越多。这种现象在生活中也很多见。

同样的道理，成功与自信的关系也是这样。我们会看到一些成功人士，他们都表现得十分自信，结果就是，越成功就越自信，越自信就越容易成功。如此相辅相成，让我们看到了自信的重要性。

图 5-6 成功是自信的底气

举个最简单的例子，当你对自己的能力预估不足时，你突然在一次考试中脱颖而出，你就会发现你的自信心增强了，也会迅速为下一次考试做准备。当几次考试成绩都十分突出

后，你的自信心就会大增，同时你的考试成绩也会越来越优秀。因为成功会增强你的自信，而有着极高自信的你也会很容易走向成功，相信自己的人才有勇气去挑战，而成功只有在挑战之后才会得到。

程颖在小学和中学的学习成绩并不突出，也没有考上重点高中。但她在学校却很出名，因为她的容貌清丽可人，是学校的形象大使之一。当时只要提到她的名字，没有一个人不知道的。也正是因为这一点，她将重心放在了打扮上，对学习不太上心。

但是，上高中之后她像变了一个人一样。当时她的朋友都考入了重点高中，只有她一个人选择了职业高中，她像比别人矮了一头。可令人惊讶的是，三年后她竟然以不错的成绩考上了上海的一所重点大学，甚至一些上重点高中的同学都没有考上。

人们问起程颖的成功秘诀时，她说："我上高中后，着实自卑了一段时间。我觉得自己就这样了，将来上个大专学个技术就行了。但是，一次与高中同学聚会时，我发现，他们现在除了学习，知识面很窄，而我因为学了旅游专业，可以与他们天南地北地聊天，他们那眼神中都是佩服。从那天后，我觉得，无论在哪里都是学习，我有什么可自卑的呢！"

"于是，回到学校后，我开始努力学习。我不仅学习专业课，还读了很多书。很快我便取得了成功。我拿到了高中的第一份奖学金，也得到期末大会上台做演讲的机会。之后的三

自信——摆脱自我怀疑，自信的孩子了不起

年，每当学校有什么活动，我都是主持人的第一人选。而我的学习也丝毫没有放松。总不能因为当主持人，让人说我学习差吧？"程颖笑笑，继续说，"就这样，我天天鼓励、督促自己，最后以专业分第一的成绩被大学录取。大家都说我走出了一条成功的路。只有我知道自己付出了多少努力。"

程颖表现出来了一种渴望上进的精神，但更加重要的是自信。中考失利后，她曾经也是自卑的。但当她发现自己只要努力就可以取得成功之后，便重新恢复了自信。而且，她发现，自己越是自信路就会越顺，路越顺就会越自信。

这就像走夜路，越想越怕。而胆大的你，反而能欣赏到夜色的美。请自信一点儿，你并没有比别人差；你的优秀只有自己尽力展现，别人才能看得到；只有自信的人，才能最先达到成功的驿站，拔得头筹。请记住，没有谁是注定失败的。成功一直都在那里，只要你有胆量去拥抱它！

6 自信心不断强大，离不开父母的帮助

你觉得，你最信任的人是谁呢？估计多数孩子都会回答父母。孩子与父母的关系是最亲密的。从出生那一刻开始，他们便对父母产生了依赖感。当得到父母的支持与肯定后，孩子心中的底气也会更足。

自信心也源于此。在父母帮助下建立的自信心将更加稳固，更加持久。自信心的树立其实是一瞬间的事儿。比如当一

个孩子开始说出"妈妈"时，如果妈妈表扬了他，那么以后他便会很乐意说这个词。相反，如果妈妈表现出厌烦、嘲讽等，孩子就会闭口不言。可见，父母对孩子的帮助，对孩子的成长，特别是自信心的建立与提高起到了至关重要的作用。

图 5-7　父母是孩子自信的基石

浩楠是二年级的小学生，但仍不会自己写作业。每当他做作业的时候，一定要妈妈陪在身边。只要遇到稍难的题，浩楠就要问妈妈，甚至算一道题也会看一眼妈妈。

浩楠之所以像现在这样不自信，责任还是在于父母对他的宠爱。浩楠是早产儿，身体一直不太好，妈妈就对他特别宠溺。从小到现在，妈妈没有一件事让他独立完成过。特别是上学后的作业，妈妈一定要陪在身边，给他端茶递水，讲解难题，遇到生字帮他查字典。

第 五 课
自信——摆脱自我怀疑，自信的孩子了不起

而爸爸觉得妈妈太宠浩楠了，就表现得极严厉，动不动就大声地吼浩楠，吓得浩楠见到爸爸后一直是低着头的。

父母的影响造就了现在依赖性强、胆子小的浩楠。别说自信心提高了，浩楠连最基本的自信都没有建立。

一天，邻居家的小妹妹来到浩楠家。妈妈便拿出浩楠的乐高给小妹妹玩。浩楠见小妹妹玩得开心，就凑过去一起玩。

小妹妹玩得很开心，不停地说："哥哥好厉害！哥哥好棒！"浩楠的脸上笑开了花，得意扬扬。

随后，小妹妹又拿来作业与浩楠一起做，有不会的题也向浩楠请教。虽然浩楠并不想解那些题，但是看着小妹妹期待的样子，他还是硬着头皮解答。他的小脸涨得通红，神情严肃，这时妈妈过来问："要不要我与你们一起做呀？"

浩楠此时成就感爆发，不想让小妹妹小瞧自己。他看了妈妈一眼，说："不用了，我们能自己解决。"浩楠凭着自己的"拼搏精神"对着题目费尽了心思，终于理出了清晰的思路。他把小妹妹叫来，认真地为她讲解。小妹妹的眼中满是崇拜，浩楠的脸上则全是得意。

从那天开始，浩楠开始慢慢地摆脱对父母的依赖，学着自己去处理一些事情。妈妈看到浩楠的转变，高兴极了。但是，浩楠现在还有一个大问题，就是总低着头，极小声地说话，见到陌生人就会躲到妈妈身后。妈妈觉得，浩楠出现这个问题最大的原因是爸爸，于是想让爸爸帮助浩楠，让他变得自信些。

爸爸是很爱浩楠的，只是觉得平日浩楠被宠得太厉害了，怕他太骄纵，才会对他很严厉。周末，爸爸提议带浩楠出去玩。浩楠兴奋极了，拍手说："太好了，我好久没出去玩了。"

爸爸说："那我有一个要求，如果你能做到，以后我们就可以常常出去玩。"

浩楠低着头说："嗯。"他觉得爸爸可能又要训他了。

"我们要去游乐场，你要提前想好我们都去玩什么项目，怎么休息，中午在哪里吃饭。而且，明天不是爸爸妈妈带你去游乐场，而是你带爸爸妈妈去，所以你要提前准备好明天用的一切东西。"爸爸一条一条地说着，说完把问题列表递给了浩楠。

浩楠听完爸爸的要求后，感觉自己突然长大了。他满口答应下来。

当天晚上，浩楠便开始准备东西。他努力地回想着以前妈妈出门前要准备的物品。他将需要的证件装进小包，将一些零食和水装进塑料袋，检查了一番就高兴地回房间睡觉了。

第二天，他醒来时已经8点了，可是以前出去玩都是6点出发的。原来爸爸妈妈这次并没有叫他起床，而且他们也还在睡。浩楠犹豫了一下要不要叫醒爸爸妈妈，但想到游乐场，又想到爸爸说让自己做主，便敲开门叫爸爸妈妈赶快起床。

他们收拾完就出发了。爸爸开车，妈妈坐副驾驶，浩楠在座椅上看着游乐场地图。看似一切很平静，但浩楠心里要急死了。因为他起床晚了，结果正好赶上早高峰。而且拿到游乐

第五课

自信——摆脱自我怀疑，自信的孩子了不起

场的地图他才发现，许多游戏项目的开放都是有时间规定的，如果选择不好就有可能一天玩不了几个。他还发现许多游戏都是水上项目，但他并没有带游泳衣……

图5-8　让孩子自己做游玩计划

浩楠就在这样的慌乱中玩了一天。回到家他累极了，爸爸问："今天玩得怎么样呀？"

"累！"浩楠懒懒地回答。

"除了累，有什么收获吗？"爸爸又问。

"嗯嗯，这次太着急了，下次我一定能安排好。"浩楠坚定地说。

今天虽然慌乱，但在这一天的安排中，浩楠的自信心真的提升了很多。他可以独立去买票，向陌生人寻求帮助，也可以主动与陌生人交流，不会再躲在妈妈身后了。虽然明显看出浩楠做事还是有些忙乱，但下一次他一定会做得更好。

爸爸说："那好，我们下个周末就再去一次吧！"

浩楠愣了一下，然后笑着对爸爸说："爸爸，你真好！"说完一把抱住了爸爸。

这是浩楠第一次主动与爸爸对话，爸爸也欣慰地笑了。因为他知道，这个拥抱并不是为了再去一次游乐场，而是浩楠真正了解了爸爸的心意。

没有哪个孩子天生就有十足的自信，也没有哪个孩子天生就拥有胆量和勇气。自信心是后天生活中逐渐建立的，但自信心的建立不是一蹴而就的。大多数孩子都是有时表现得很有自信，但一遭受打击就失去了自信，所以父母要像浩楠爸爸一样，及时地关注和帮助孩子，给孩子提供体验成就感的机会，帮孩子建立一个稳定的自信状态。

7 很多成功者都在用的一种迅速提升自信心的方法

获得成就感是一个孩子建立自信最直接的方法。成就感就是你成功之后的那种"膨胀"的感觉。在这样的感觉中，你会相信自己的能力，感觉到自己的强大，从而快速地建立自信。但是，这种成就感树立的自信心对某些人来说像烟花一样，绽放时美丽，如果不趁此机会拍下照片来，那下一刻就会消失不见。

李煜就是这样一个孩子。爸爸妈妈为了让他树立信心，

第五课
自信——摆脱自我怀疑，自信的孩子了不起

用了各种方法帮助他，帮他取得成功，以为他有了成就感之后，自信心也就自然地建立起来了。

爸爸赞助了少年宫演讲比赛。妈妈给李煜报了名，最后李煜得了二等奖，但他不知道这是爸爸赞助的原因。得奖的李煜看起来真的很有自信。他主动报名参加学校的演讲大赛，结果在班级初赛中就被淘汰了，他的自信心马上就回到了"0"。

妈妈为了培养李煜的自信心，作业帮他写，手抄报帮他画，书法作业也是由妈妈代笔……因此，李煜的作业每次都会受到老师的表扬。一开始，受到老师表扬的李煜确实为此感到沾沾自喜。但他也很清楚，这一切都不是靠自己努力得来的。久而久之，李煜不仅没有建立起自信，反而陷入了更深的自卑和忧虑。他既觉得自己干什么都不行，又担心真相被人拆穿，让老师和同学知道自己其实并没有那么优秀。

看着李煜的状态越来越不好，学习越来越没有信心，爸爸妈妈都非常着急，可又不知道问题出在哪里。

很快，班主任就发现了李煜的不对劲儿。于是班主任和李煜父母进行了深入的谈话。在得知李煜父母为帮儿子树立信心而做的一系列事情之后，班主任哭笑不得。他告诉李煜父母："孩子的自信心并不是建立给别人看的。真正的自信，是自己相信、认可自己。你们帮他作假来赢得别人的夸奖。表面上看，他好像非常优秀。可他自己知道，这一切都是假的。他又怎么会发自内心地相信、认可自己呢？"

听了班主任的建议，爸爸妈妈不再自作主张地去插手李煜的事情，而是耐心地鼓励他好好学习，勇敢地去尝试自己感

兴趣的事情。爸爸妈妈还针对李煜的薄弱学科，给他请了补课老师。

在爸爸妈妈的鼓励下，李煜通过坚持不懈的努力，成绩一点点地提高了。甚至李煜还发掘了自己在其他方面的特长。

如今，李煜虽然仍旧不是最优秀的学生，但相比从前，他已经有了很大的进步。更重要的是，他很清楚，他的进步靠的都是自己的实力。正是这种脚踏实地的感觉，让他对自己有了更多的自信。

图 5-9　迅速提升自信的"秘籍"

其实，自信心并不是飘在空中，展现给别人看的，不能通过一时的成就感来建立与提升。因此，要想拥有强大稳定的自信，还需要由内而外地充实自己。下面有几个迅速提升自信的方法，你不妨试一试，相信你会有更大的收获。

第五课
自信——摆脱自我怀疑，自信的孩子了不起

第一，看清自己。

一个人如果将自己看清楚，就会少遭受一些失败的打击，将自己的缺点或者弱点做到明了于心，就可以更好地扬长避短。很多人都是这样，当自己有缺点却不自知时，便会在现实中遭受一些不必要的挫折，从而使自信心备受冲击。

比如，你明明唱歌跑调，你偏要当众一展歌喉，当大家以异样的眼神和讽刺的语言评价你时，受冲击的难道不是自己吗？你就有可能因为遭受这样的打击而丧失自信。所以一定要看清自己。只有看清自己才能够真正做到自信，才能懂得趋利避害，减少不必要的挫折，才能成为优秀的自己。

第二，培养耐力。

一个人不自信的原因是什么？是觉得自己不行。但是，很大一部分原因不是能力不行，而是耐力不够。

这类人做事缺乏耐心，就像拿着铁锹挖宝石，最开始他们使劲儿地挖。可是当看不到成果时，他们心里便开始犹豫。当有较长的时间看不到成果时，他们便会放弃做这件事，尽管很多时候再挖一锹就可能挖到宝石。没有耐力，使得他们总是半途而废，与成功擦肩而过。于是他们总觉得自己做不好事情，也就无法建立自信心，开始对自己失望，变得自卑起来。

第三，培养拼搏、竞争精神。

自信的人往往能够勇敢地冲锋陷阵，过关斩将，获得一个又一个成功。而不自信的人永远只能是知难而退，经常做逃兵。无论是生活、学习还是工作，竞争无处不在。没有自信的

人往往缺乏拼搏、竞争精神。遇到困难和挫折就退缩，没有"明知山有虎，偏向虎山行"的拼搏、竞争精神。越是退缩，越是错失成功的机会，越是难以建立自信。于是，他们时刻处于自卑的心态，总觉得自己不行。许多事情都是半途而废，他们很难体验到成功带来的喜悦，只能体验更深的失败和挫折。因此，他们越退缩也就越自卑。

第四，持久学习力。

学习力是自信的基石。一个人不自信，很多时候是缘于对未来的不确定。因为未知会使人恐惧，恐惧会使人不自信。所以，你想建立自信，就一定要懂得学习，拥有持久的学习力。

比如，你对欧洲历史有一些了解，却和一个对此知之甚少的人探讨这方面的话题，对方就会听得一头雾水，也会让对方因为懂得太少而自卑；但如果谈话对象是一个对欧洲历史有更深入研究的人，对方就会与你侃侃而谈，甚至会批驳你的观点，让你觉得知之甚少，进而产生自卑。因此，人只有在不断的学习中充实自己，使自己不断强大，才会拥有持久的自信。人之所以会有自卑感，很多时候是输在"技不如人"上。所以拥有学习力可以让你不断变强，从而拥有自信。

如果你能够以学习力为本，以拼搏、竞争精神为辅，以看清自己为前提，以耐力为根基，那么你就能够建立起强大的自信心。只要你相信自己可以，你就可以成为强大而自信的自己。

第六课

自谦——不知自我无知，那便是双倍的无知

> 永远把别人对你的批评记在心里，别人的表扬，就把它忘了。
>
> ——马云

写给孩子的自我管理课

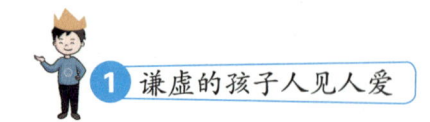

1 谦虚的孩子人见人爱

谦虚是一种美德。中国古代有很多有关谦虚的名言，如："谦虚谨慎自矜其智非智也，谦让之智斯为大智；自矜其勇非勇也，谦让之勇斯为大勇。""谦虚温谨，不以才地矜物。"……再如我们最常用的名言："谦虚使人进步，骄傲使人落后。"足见谦虚是一种多么美好的品质。你是一个谦虚的孩子吗？你觉得谦虚的人是什么样子的呢？

一个谦虚的人从来不会在别人面前夸大其词，也不会炫耀自己。聪明、优秀的孩子总会在人群中脱颖而出，惹人注目，而不需要刻意地去表现自己。因为你的优秀是需要别人认可的，而不是自己说出来的。

图 6-1　优秀是不需要自己说出口的

第六课

自谦——不知自我无知，那便是双倍的无知

刘新新和张晓学习成绩优异，对学校里组织的活动表现得也很积极，深受各科老师的喜欢。不同的是，刘新新不太受同学们的欢迎，班里一些调皮的男同学甚至常常讽刺她；而张晓，却可以称之为"团宠"，凡事只要张晓一号召，班里的同学都会积极地去做。

原因是什么呢？这要从两个人的特点说起。

刘新新和张晓是邻居。刘新新的父母从小对她十分骄纵，她也像一个骄傲的小公主一样，吃穿都要最好的，鞋子稍微脏一点儿就再也不穿了，可以说要风得风要雨得雨。所以她看同学时也常常昂着头，一副不可一世的样子。但张晓却不同。虽然她们住在同一个小区，父母收入水平也差不多，但对比之下张晓显得十分低调。她上学往往是穿校服，平时对待同学也是很亲切。

这天，学校要求各班选出一名"优秀生"参加"学校形象大使"的竞选。老师便在刘新新和张晓之间犹豫起来。她们都是班级的优秀生，文化课成绩突出，其他课外活动表现也十分出色。于是老师让她俩准备竞选演讲，然后由全班的学生投票决定谁去参加"学校形象大使"竞选。

刘新新和张晓写好演讲稿后，都找了口才培训老师给自己辅导。演讲当天刘新新特意穿上了一套红色的礼服，而张晓还是那套校服。

演讲结束后，令老师都惊讶的情况出现了，全班50人，有44人给张晓投票，只有6人选择了刘新新。竞选结果出来

后，刘新新伤心地趴在桌子上大哭，然后用一双充满仇视的眼睛盯着张晓。张晓说："新新，我不知道会有这样的结果。"

刘新新说："你肯定买通了同学们。不然，我这么优秀，他们为什么不选我？"

老师看到了，劝住了要跟张晓理论的刘新新。后来，老师以"自信与自傲"为主题开了一次班会。班会过后，刘新新主动摘下了头上的"公主卡"。她说："从今天开始，我再也不是那只骄傲的小孔雀了。我要做一个受大家欢迎的好同学。"

课堂上响起一片热烈的掌声。

其实，生活中大家都一样，当自己比别人稍微表现优秀一点儿时，就会觉得自己很伟大，也会变得很自信。但是，如果过于自信，就会让人看起来很不舒服。如果你气焰过盛，甚至抢了别人的风头，那谁还会喜欢你呢？

所以，谦虚的人会给人以踏实的感觉。谦虚的人的能力是让别人体会出来的，就像谷穗一样，那些沉甸甸、颗粒饱满的谷穗都是低着头的，只有那些肚中空空的谷穗才会高仰着头，但是，这种常识性的问题又有哪个农民伯伯看不出来呢？

❷ 谦虚的孩子更懂事，更善于自我管理

古人说："满招损，谦受益。"谦虚既是一种美德，又是一种能力。谦虚的人给人的印象是他们的胸怀更博大，待人更宽容、更理智。谦虚的人也更容易获得大家的好感，建立良好的

第六课
自谦——不知自我无知，那便是双倍的无知

人际关系。而且，谦虚的人能看清自己的优缺点，也就更容易取长补短，获得进步。所以谦虚的孩子会显得更懂事，也更善于自我管理。

茜茜是一个很有才华的女孩，今年上六年级了。她不仅长得漂亮，学习成绩好，琴棋书画也是样样精通。最重要的是，她的文采极好，她的作文常常被老师拿来当作范文读给全班听。

每次老师读范文时，茜茜就觉得很骄傲，特别是当听到老师说："你们的作文怎么就不如人家茜茜的呢？你们就不能向茜茜学学吗？"茜茜感觉自己像飘在天空一样，同学们一定都向自己投来羡慕的目光。

然而，平时有同学向茜茜请教写作的技巧时，茜茜总会傲慢地说："你写不好作文是什么原因不知道吗？脑子有问题吧，救不了。""连作文都不会写，唉，你长得那样也不可能写成什么好文章。""别问我，我天生就这样，这是你学不了的。"……

渐渐地，同学们也就不向她请教如何写作文了。没了同学们的请教，她反而觉得没什么意思了。但她转念又想，一定是同学们嫉妒我的才华。后来，老师帮她报名参加了一次作文大赛，她获得了三等奖。从那以后，她更是觉得自己了不起了。甚至拿起作文书、名家名段等她也能挑出毛病来。她甚至不再看书，因为她觉得书上还没她写得好。

久而久之，因为她不再读书，遣词造句的水平也极速下

降。当同学们模仿名家写出很多优秀的作文时,她还停留在之前运用简单的修辞上。

茜茜的这个故事与王安石笔下的方仲永极为相似。一个不懂得谦虚好学的孩子,即使是天才最后也只能落得"泯然众人矣"。更何况我们并不是天才,又有什么资本不学习,只空口炫耀呢?

一个谦虚懂事的孩子,从来不会以自我炫耀为荣。他们很善于自我管理,在自我约束中让自己有更大的进步。下面就让我们一起来了解下谦虚孩子的自我管理法吧。

图 6-2　谦虚管理法则

第一,正确认识赞美。

骄傲自满的情绪并不是天生就会有的,它最大的滋生源

第六课

自谦——不知自我无知，那便是双倍的无知

是赞美。一个小女孩聪明、乖巧、讨人喜欢，于是大家就开始赞美、表扬她"这孩子真好""这孩子真棒"等。当小女孩发现人人都表扬她时，她就会觉得自己与众不同。因为她的焦点不会集中在大家表扬她的内容上，而是集中在她自身。她会觉得自身的存在就是值得赞美的，于是骄傲自满的情绪就会滋生。

所以，一个孩子如果想拥有一颗谦虚的心就要正确地认识赞美。德云社少班主郭麒麟曾经讲过这样一件事。

小时候有个叔叔来郭麒麟家玩儿，送了他一盒巧克力。郭麒麟就跟妈妈说："您看您儿子多可爱，多讨人喜欢。别人第一次见面就送巧克力。"

此时，妈妈王惠对他说："他送给你巧克力，不是因为你可爱，是因为你爸爸。他是因为你是你爸的儿子才送你巧克力的。"

很多人在听到表扬时从来不会考虑自己受到表扬的理由是什么，而是将表扬内化于自我，觉得只要是表扬自己就意味着自己很优秀了。于是，便会觉得自己很完美，久而久之就会变得不可一世。

如果想成为一位谦虚的君子，就要正确地认识别人的表扬。举个例子，当有人表扬你聪明时，你要知道，这是因为你的学习成绩优异。如果你的成绩下降，便不会再有人夸你聪明。因此你要加倍努力学习。

当你受到表扬时，你要明确别人表扬的原因，将表扬转

化为自己前进的动力。这样，你就不仅能成为一位谦谦君子，而且会一天比一天优秀。

第二，充分认识不足。

生活中，人们表扬你，往往是为了鼓励你，而不一定就是你真的已经很优秀了。比如，见到父母的同事时，大家会夸你可爱、懂事。再比如，老师在你准确地回答完问题后常常会说你真棒。甚至有时候明明你不会唱歌，却有人表扬你的歌唱得真好听……对于这种类型的"赞扬"，你需要做的就是微微一笑，然后开始反思自己的不足。

一个人骄傲很容易，谦虚却不容易做到。骄傲只需要表现出来就可以让别人看到，但谦虚不只是要表现得优雅、谦逊，更要有着良好的心态、充实的内心。

谦虚的人最大的特点就是能充分认识自己的不足，认识到自己与优秀的人之间的差距。也只有能够认识到自己的不足，才能够有意识、有目的地去学习，从而学习别人的经验，弥补自己的不足。因此，只有谦虚的人才能够获得极大的发展空间，才能够变得更加优秀。

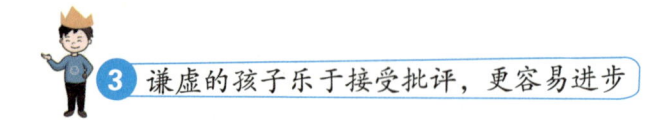

3 谦虚的孩子乐于接受批评，更容易进步

谦虚的孩子最容易取得进步。因为他知道自己与那些优秀的孩子之间的差距，能够虚心接受别人的批评，从别人的批评中看到自己的不足，并且通过努力学习来提高自己，成为更

第六课
自谦——不知自我无知，那便是双倍的无知

好的自己。现在很多孩子只喜欢听别人表扬、赞美自己的话，对于别人真诚地指出自己缺点的批评却置若罔闻。甚至认为别人是求全责备，鸡蛋里挑骨头。不能够虚心接受别人批评的孩子的进步空间会变得很狭小。因为他意识不到自己的不足，也就很难通过学习来提高自己。

在孔子的故乡有这样一个传说。一天，孔子的弟子正在门外打扫卫生。一个一身绿装的人走到门前，问："这是孔子的家吧？"

弟子点点头，那人说："我有一个问题要请教孔子，你是孔子的弟子吗？"

"是的。"

"那好，"那人继续说，"你是孔子的弟子，你的学问应该很渊博。那你说一年有几季？"

弟子笑着说："这个问题大家都知道呀，一年当然有四季。"

那人皱起了眉头，说："你错了，一年有三季！"

然后两人就争论起来，孔子听到声音便出来问发生了什么事情。弟子赶忙上前深施一礼，问："先生，您说一年有几季？"

孔子顿时明白了两人争论的原因，上下打量了一下来人，回答说："一年有三季！"

来人瞟了一眼孔子的弟子，得意扬扬地走了。

弟子心里很是郁闷，问："先生，一年明明有四季，您为什么说有三季呢？"

孔子笑了笑说:"你呀,你不知道,刚才那人并不是人,而是一只蝉幻化的。在他的世界中一年是只有三季的,你告诉他四季,他怎么会服气呢?"

这虽然只是个传说,但传说也能告诉我们很多东西。那只蝉肯定听过有关一年有四季还是三季的争议,但他没有谦虚请教的姿态,而是自以为是地询问,所以才会与孔子的弟子发生了争吵。自以为是的蝉,在不接受批评反驳的情况下,得到了一个自以为正确的答案就离开了。但是,从此之后,他是永远不会知道一年之中还有第四个季节的。

图6-3 不接受批评,你就只能成为"井底之蛙"

《庄子》中的"夏虫不可语冰"说的也是这个道理。其实,很多时候我们都太自满了,不太愿意接受别人的批评。但是,细想一下,我们从别人的批评中可以认识到自己的不

第六课

自谦——不知自我无知，那便是双倍的无知

足，找到努力的方向。而且这些是我们无法从表扬和赞美中获得的。

刘鹏的物理成绩一向很好，初二期末考试获得了年级第三的好成绩。但进入初三后他的物理成绩突然下降，妈妈很为他担心。马上就要中考了，在这种关键时刻学习成绩下降会影响考重点高中的。于是，妈妈与班主任沟通，寻找刘鹏物理成绩下降的原因。

妈妈了解到，虽然初二教刘鹏物理的老师调走了，但是初三换了一位全区有名的物理老师，因此不可能出现物理教学质量下降的情况。那到底是什么原因导致刘鹏物理成绩下降呢？

在妈妈的再三追问下，刘鹏说："我们以前的物理老师可好了，从来不会大声地批评我们，而且还总表扬我。现在这位，哼！"妈妈在刘鹏的脸上看到了深深的不满，便想可能是这位老师对他们更严厉一些吧。

刘鹏继续说："这个老师呀，我考了高分，他说：'别骄傲，前面还有更难的考试。'我上课稍一走神儿，他就说：'你注意力集中点儿，否则就站着听吧。'我有一道题做错了，他又说：'你这等于努了全程，到了最后没有碰终点线，也是输！'我从他那里就得不到一句好话，而且他还特别针对我，检查作业我第一个，回答问题我第一个，烦死我了。我就不给他学了，让他再这么对我！……"

妈妈听了刘鹏的很多抱怨，终于明白了问题所在。她对刘鹏说："孩子，你遇到了一位好老师，你在他的教导下会有更多的进步空间。你想一下，你这么小，可能做什么都是正确的吗？这位老师将你的缺点说了出来，你只有知道了缺点才有可能去改正呀，也才有可能变得更加完美。你不觉得这都是老师的功劳吗？"

刘鹏的眼睛一亮，妈妈继续说："孩子，你现在成绩下降，估计老师也很着急。可是你哪怕考得再差，对于老师而言，你只是他的一名学生，他也可以不批评，一年后你就毕业了，你的物理成绩好坏都与老师没有什么关系，那他批评你又是为了什么呢？而且，妈妈听你说不给老师学了，你不觉得这样做很傻吗？你学习是为了自己将来能够有更好的生活，怎么能说是给老师学呢？你怎么能拿自己的未来与老师赌气呢？"

刘鹏若有所思地回到房间。第二天，他整理好自己揉成团的物理作业，抹平后装进书包。

很多孩子都会像刘鹏一样，经不住任何批评。近些年我们常听到一个词——"捧杀"，这是什么意思呢？就是通过过分的夸奖或吹捧，使人骄傲自满、停滞退步甚至导致堕落和失败。一个从来不接受任何批评的人，也就往往无法知道自己的问题所在，更不要说获得进步了。这与只知三季的蝉又有什么区别呢？只有谦虚地接受别人的批评，才会有更大的进步空间，自己也才会变得更优秀。

第六课

自谦——不知自我无知，那便是双倍的无知

图 6-4 "捧杀"

4 谦虚的孩子更容易得到师长的帮助

如果你的面前有两个杯子，一个看不到内部水的情况，一个是透明的且装满了水，让你选择往其中一个里面倒水，你会选择哪一个呢？大部分人都会选择那个不透明的杯子，因为你已经知道透明的杯子装满了水，你便不会再有往里面加水的想法。而另一只不透明的杯子，哪怕里面装满了水，可是你并不知道，所以你便愿意尝试着将水倒入这个杯子中。

生活也是这样。这两只杯子就像是生活中的两种人。骄傲自满的人就像那只透明的杯子，哪怕没有装满水，也会表现出一种装满水的样子。而谦虚的人就像那只不透明的杯子，虽然已经装满水了，但因为态度十分谦逊，仍会得到更多人的帮助。

因此，我们就可以看到这样的现象，谦虚的孩子更容易得到师长的帮助。同样，你要想得到更多的知识，取得更大的进步，就要首先学会谦虚。

图 6-5　没人喜欢骄傲自满的人

《三国演义》中的大将关羽，大家都熟悉吧，温酒斩华雄、匹马斩颜良、偏师擒于禁、擂鼓三通斩蔡阳等，百万军中取上将首级，如探囊取物。他勇猛威武，被称为"古往今来名将中第一奇人"。直到今日，关二爷的名号依然不减当年。

第六课

自谦——不知自我无知，那便是双倍的无知

但是，这位旷世英雄却落得一个悲惨的下场，被当时并不出名的东吴大将吕蒙打败，在仓皇逃跑中被人割了脑袋，落得身首异处的结局。他失败的原因并不是吕蒙用兵有多神，而是败在了自己的"骄傲自满"。

这种骄傲心理在小说中处处可以看出来。比如当时诸葛亮赞扬马超，关羽的评价是："马超算什么，他哪能与我平起平坐呢？"孙权想与他结亲联盟，他却说人家不配，直到被吕蒙大败时他依然不明白自己哪里出了问题。

当你谦虚待人时，别人也会真诚待你。你年龄小，阅历尚浅，哪怕你现在自我感觉已经很优秀了，对于师长而言，你懂得的东西、获取的知识也是很有限的。有些长辈常说一句话："我们走过的桥比你走过的路都多，我们吃的盐比你吃的米都多。"看似夸张的一句话却很有道理，而这些道理只有我们收起自傲的心，谦虚地向师长请教才可以获得。

樊琳琳刚刚得到通知，她通过了学生会的竞选，顺利地当上了文艺部长。她高兴得都要跳起来了。于是，她买来很多零食，请全宿舍的舍友一起吃，还在宿舍又唱又跳。舍友们也很高兴。这时，宿舍中年龄最大的一位同学，也就是她们的老大说："琳琳，你当了部长后会跟很多同学打交道，不要太孩子气，有事儿回宿舍来说，大家都可以帮你。"

琳琳听完，突然大笑起来，说："老大，我们按年龄排了个老大，你还真把自己当大姐了呀？你不小孩子气，你怎么没选上部长呢？还与你们商量，你们懂什么？"

老大和其他舍友听了琳琳的话,觉得很尴尬。其中一位舍友赶紧出来解围说:"哎,咱们今天是给琳琳庆祝的,以后有事儿就请琳琳多照顾我们啦!"

琳琳瞧了舍友一眼,说:"哈哈,你是想跟着沾我光呀,那我可得考虑下。"……

最后,这场庆祝在琳琳的"表演"中结束了。从那天开始,舍友们也渐渐地与琳琳疏远了。琳琳像只骄傲的小公鸡一样,在学生会横冲直撞。大家看到琳琳自以为是的样子,都不太爱理她。

周末,按惯例轮到文艺部举办学校集体活动了。平时别的部举办活动都会有很多人来帮忙,可是,现在文艺部举办活动只有琳琳自己。她去请求师哥师姐的帮助,大家以各种理由推托。她又请求学生会其他成员的协助,大家也都委婉地拒绝了。琳琳着急地坐在操场上大哭。她觉得自己委屈极了,自己这么优秀,为什么得不到大家的喜欢呢?

这时,宿舍老大坐到琳琳身边,说:"琳琳,得道多助,失道寡助。你平日里将师哥师姐都不放在眼里,人家怎么能帮助你?你天天颐指气使的样子,即使再有才华,又能得到谁的认可呢?"

琳琳泪眼模糊地看看老大,一把抱住她,哇哇大哭起来。

最终,琳琳认识到了自己的问题。她开始变得谦虚可爱了。我们生活中又有多少个像琳琳这样的同学并没有意识到自己的问题所在呢?孩子,谦虚并不是比别人差,而是比别人更

自谦——不知自我无知，那便是双倍的无知

强，因为谦虚的你才会获得更多的能量。

5 理解并用好"中国式谦虚"，不做虚伪的孩子

中国人自古以来就保持着"谦逊"的美德，所以很多人形成了一种否定式的谦虚对话方式，以显示自己并不骄傲。很多人称之为"中国式谦虚"。你的爸爸妈妈有没有以"中国式谦虚"来回应过别人对你的表扬呢？

当别人夸赞自己孩子聪明时，"谦虚"的父母回答："哪有聪明呀，平时闹着呢！"

图 6-6 "中国式谦虚"

当有人夸赞孩子魔方转得很快时,"谦虚"的父母回答:"哪里哪里,他班里的同学都比他转得快,这平时让他练习他还不练呢!"

当有人夸赞孩子舞蹈跳得好时,"谦虚"的父母回答:"这不行呀,也就是随便跳跳,他没那天赋。"……

类似的回答数不胜数。在成年人之间,以"哪里哪里"开头的"谦虚"言语,大家都明白,这是谦逊的客套话。但对于孩子而言,这种话语就会成为一种伤害。孩子并不理解父母的这种谦虚也是一种内心的炫耀。他们只能从父母的话语中听到对自己的否定,而这对孩子的伤害是很重的。

小梅妈妈一直将小梅当成自己的骄傲,而且小梅的确是一个很出色的孩子。但是,小梅妈妈却从不当着别人的面表扬小梅。当有人夸赞孩子时,她一直会运用"中国式谦虚"的语言来回应。

家长活动日,小梅跟着妈妈一同回家,在校门口碰到了之前的邻居小雷也和妈妈一同回家。

小梅妈妈赶紧上前打招呼:"您好,好久不见。啊,小雷越长越帅了,一看就很聪明。"

小雷妈妈笑了笑,说:"是呢,现在更帅了。快谢谢阿姨。"小雷赶紧说了声"谢谢"。小雷妈妈又说:"啊,这是小梅呀。我刚还想台上的那个小姑娘是谁呢。原来是小梅,真厉害,成绩好,主持好,连跳舞也那么棒。"

小梅脸上乐开了花,小梅妈妈的"谦虚"劲儿却上来了,说:"哪里哪里,你们就看到了表面,她在家可不听话了,看电视，吃零食，又馋又懒的。"

小梅的笑容僵在了脸上，拉了拉妈妈的衣角说："妈妈，您说什么呢？"

妈妈却没有停嘴："不是吗？我家小梅学跳舞时，你可不知道，那个哭呀，她身子比别人硬，老师给使劲儿压，不是跳舞的料儿，就是瞎跳的。"

小梅突然大声说："所有人都要老师向下压的！"

妈妈也严肃地说："人家压两次，你压了好几天！"

小梅憋红了脸，拳头攥得紧紧的。小雷妈妈赶紧上来解围说："跳舞都那样的，小梅现在已经很优秀了，你要求高了呀。"

小梅扭头就走了，留下了两位妈妈尴尬地站在那里。

其实，当别人对自己的孩子提出表扬时，只需要一句"谢谢"就足以表达自己的谦虚了，没有必要用牵强地"贬低"孩子来证明自己的谦逊。而且，父母如果长时间用这种谦逊方式的话，孩子也会从中学到"精髓"，会变得虚伪，这对孩子的成长是不利的。

中国现在已经不再需要这种"中国式谦虚"来回应赞美了。谦虚的人是低调的，但从来不会否定自己的长处。如果孩子将来依旧使用这种谦虚方式，并不会被别人认为是"谦虚"，而会被认为很虚伪。

当你听到别人的赞美时，你只需要大方地说一声"谢谢"。如果你想再谦虚一点儿，就可以补充说："我会更加努力。"

6 让你的谦虚传递给别人真诚与善意

中国人擅长用谦辞，如"鄙人""犬子"等都是自谦之语。这些词语给人的感觉是谦虚、谨慎与低调。但是，很多"中国式谦虚"的语言并不会给人带来这种感觉，如"哪里哪里""客气客气""别这么说"等，这种谦虚给人的是虚伪、尴尬等感觉。

举个例子，当有人赞美你长得漂亮时，你可以说"谢谢"，别人会意地一笑，然后继续下一个话题。但是，如果你回答："我哪里漂亮呀，是今天这衣服好看。"夸赞你的人心里总会有些不舒服的感觉，哪怕知道你这只是客套话，也会感觉到你不那么真诚。

图 6-7 "鄙人"与"犬子"

真正的谦虚是平易近人，是虚己受人，是从善如流，是

第六课
自谦——不知自我无知，那便是双倍的无知

不张扬、不夸张等。也可以理解为，谦虚的人不会夸大自己，也不会随意地贬低自己。他们传递出来的是善良与真诚。

小区旁边搬来一户姓张的人家。女儿正上高中，需要生活费。儿子从小患脑瘫，每月需要一大笔治疗费。夫妻二人只是普通职工。他们的日子过得非常拮据。

小区里有一对小夫妻，他们只有一个女儿，也在上高中。小夫妻除了在一家国企工作，还投资入股了几家小店。他们一家的生活可以说是衣食无忧。

这天，小夫妻买菜回来，发现老张媳妇在楼下摆了个卖日用品的小摊。他们走上前打招呼："呀，这个不错呀，你们也能来贴补些家用。"

老张媳妇笑笑说："是呢，这些是单位积压的货，卖多卖少都是自己的。"

"是啊，真的不错。"小夫妻准备买一些日用品，照顾下老张媳妇的生意。

老张媳妇一看他们挑东西，很高兴，赶紧说："谢谢你们呀，俺就说你们夫妇很不错呢，女儿又乖巧懂事。"

"哪里哪里，"小夫妻开始谦虚了，"我们啥也不是呀，在国企没前途，投资的小店收入也不是很好。唉，就天天混吧，现在这种经济环境啥也不干就是赚了。"

老张媳妇尴尬地笑笑，小夫妻又补充说："我们女儿你是看着懂事，她能有你女儿懂事呀。你看你女儿，也不得不懂事，将来这弟弟不得一辈子让她照顾呀？"

老张媳妇的脸阴沉下来，但还是忍了忍说："是，我们没

155

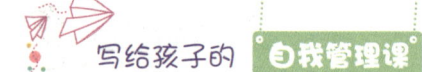

你们有福气。"

"这哪有福气这种说法呀,我家那女儿呀,昨天闹着吃比萨,结果买错了口味儿,人家一口没吃就扔垃圾桶了,太娇惯她了。"

"嗯嗯。"老张媳妇不再说话了。小夫妻挑完东西就走了,老张媳妇伤心地掉下了眼泪。

小夫妻在老张媳妇面前说自己不行,本身对老张媳妇来说就是一种讽刺。

图 6-8 谦虚 or 虚伪

有人说过这样一句话:"永远不要在不如你的人面前谦虚说自己不行,因为你所传递的不行也比他们要行。"我们谦虚是为了使自己不过于自满,但是很多时候,假装出来的谦虚姿态并不好看,会给人一种极虚伪、自夸的感觉。

谦虚的人很知趣,有上进心,不满足于眼前取得的成绩,

第 六 课

自谦——不知自我无知，那便是双倍的无知

能够认识到自己的渺小，但从来不会以炫耀似的自谦来诱导别人夸赞自己。如果你是真正的谦虚，那么别人眼中的你一定是善意且真诚的，绝非借用别人的嘴来抬高自己。

7 做好这四点，就能成为自谦的人

当父母教育孩子谦虚时，很多孩子都会有疑惑，因为他们无法把握谦虚的度。比如当有人称赞你画画出色时，你要怎么说？如果凭自我感觉说："谢谢，我也觉得是，因为我一直很努力。"这让别人听起来你是一个自满的人。如果谦虚点儿说："谢谢，我还有很多不足。"这样是否会让人理解为质疑对方的欣赏水平，或者觉得你自信心不足呢？

所以，现在很多孩子并不能真正理解自谦是什么，也并不会说一些谦虚的话。很多孩子反而将"任性"当作了真实。

苏强今年刚上中学。他的学习成绩还算优异，还是校篮球队的一员，但是同学关系一直处理得不是很好。在同学眼中他是一个十分高傲的人，对此，苏强很是烦恼。

这天，苏强找到班主任，说："老师，我就是一个比较真实的人，一直在做自己。我不虚伪，而且我也很善良，如果同学遇到难处我一定会帮忙。但是，为什么同学们都说我高傲呢？我们打比赛时，别的班都在给自己班队员加油，我这儿只有班长和几个同学象征性地鼓掌……我都快烦死了。"

班主任点点头，其实苏强的情况他早已知道。有不少同学反映苏强傲慢、瞧不起人等。于是，班主任问："你觉得你的问题出在哪里呢?"

"我不知道呀……我想……可能……"苏强是真的不知道问题出在哪里。

"那好,我给你举个例子吧!"班主任说,"你篮球打得好,一定有很多同学羡慕和赞扬你吧?你是怎么做的呢?"

"我都说谢谢呀!"苏强不假思索地说。

"还有吗?"班主任问。

"有,上次刘东说我球打得好,我说:'谢谢,我先天条件好。'"苏强说,"我是实话实说呀,像刘东那种个头儿别说打篮球了,就是踢足球也会被人踩在脚底下。"

班主任笑了笑,说:"孩子,你是实话实说。但是你这种实话是不是已经把刘东讽刺到了呢?虽然你本意并不是那样的,但是你已经让人有那种感受了。"

之后,班主任又提醒苏强要纠正一些行为习惯,比如走路抬头、单眼看人、说话风格等,苏强都一一记下,并答应班主任一定会纠正过来,得到大家的认可。

很多孩子认为,自谦是虚伪,那是错误的。因为你的直言直语才是伤人的利器。想要成为一位自谦的人,下面四点一定要注意。

第一,谦虚需要真诚。发自内心的谦虚一定不会给人虚伪的感觉,将自己的优点、缺点看明白,别人才会赞赏你的品格。

之前常听人说一种谦虚似的自我炫耀,比如,他明明考试成绩优异,大家都还没说什么,他就主动说:"我这次考得

第六课
自谦——不知自我无知，那便是双倍的无知

不行，你们呢？"大家报完分数比他低时，他又会说："唉，还是你们呀，平时也玩了，考成这样就挺好了。而我只比你们高那么一点儿，平时费了好大劲儿呢！"这种谦虚方式是很让人反感的。他以贬低自己的方式从别人口中得到赞扬，失掉了谦虚最基本的真诚的特征。所以这并不是一种自谦的君子行为。

图 6-9 "说谦虚"

第二，谦虚需要胸怀。

心境豁达的人才懂得真正的自谦，才不会因为自己的谦虚之词而怕别人小瞧了自己。当初，农人嘲笑孔子不勤劳，连谷物都分不清楚，弟子们十分气愤，而孔子却说："知之为知之，不知为不知，是知也！"自古人无完人，哪怕孔子这样知识渊博的老夫子也有其短长，作为一位平凡的人又怎么可能十分完美呢？

虚心的人才会取得进步。因为只有正视自己的问题，才

会使你自己不断得到完善。而此时宽阔的胸怀就显得尤为重要。不要用别人的评价来干扰自己期望的生活，这是一位自谦的智者最基本的素养。

第三，谦虚需要实力。

自谦不是虚伪的自我贬低，也不是随波逐流的不求上进，而是一种具有真才实学的虚怀若谷。一个自谦的人，他的内心一定是强大的，因为他拥有极强大的实力。

为什么有些人怕谦虚，因为他们的实力并没有达到自己感知的程度，也就是说他觉得自己还不错，但自己谦虚时就像是在说自己不行，自卑心理便开始蠢蠢欲动了。所以他们便不敢谦虚，怕别人因此看不起自己。一个拥有真正的实力和智慧的人，必定是一位谦虚的人。因为他的实力在那里，已经不需要用虚假的外衣来装饰自己了。

第四，谦虚需要进步。

有些人觉得，谦虚不就是不踩在别人之上吗？那我本来就不比别人强就好了。如此谦虚，别人也不会觉得自己傲慢了。这样的说法真的很有意思。也就是说，怕摔倒，我们倒下便不起来了？怕别人说自己高，便自己来打折腿吗？

有自谦能力的人一定是不断进取的人。因为他永远可以站在一个新的高度。世界是在不断前进的，你今天值得骄傲的能力，明天可能就会成为大家共同拥有的能力。如果你不进步，别人就会超过你。以谦虚的态度，不断地学习新知识，接受新事物，才是正确的做法。正所谓"不积跬步无以至千里，不积小流无以成江海"，只有谦虚的人，才可能成为那个永远走在最前方的人。

第七课

自爱——如果自由流于放纵,内心的魔鬼就会乘机侵入

> 自我教育需要有非常重要而强有力的促进因素——自尊心、自我尊重感、上进心。
> ——瓦·阿·苏霍姆林斯基

写给孩子的 自我管理课

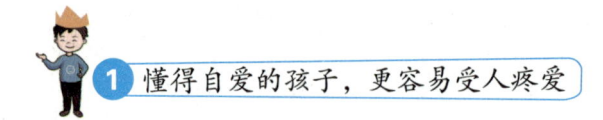

1 懂得自爱的孩子，更容易受人疼爱

你觉得你是一个怎样的孩子？你对自己如何评价呢？你此时一定在思考问题的答案吧？其实，你身边的许多人也许包括你自己都很难回答这个问题。因为很多孩子对自己很漠视。他们可以不管自己的未来而沉浸在虚拟世界中，也可以因为不喜欢哪个老师而对他教的学科产生抵触，甚至还会因一件小事放纵自己或者以死来威胁父母……

这些都是不自爱的表现。一个爱自己的人，从来不会用自己的身体、前途等作为威胁别人的筹码，也不会因为一时的冲动而丢掉自己的未来。

王灿是一个初二的学生。她的学习成绩虽然并不优秀，但人很聪明，长得也漂亮，同学和老师都很喜欢她。

事实上，王灿是一个在爱的小窝中长大的孩子。祖父、祖母、外公、外婆、父母等都对她呵护备至。她也习惯了接受大家的爱，认为这一切都是理所应当的。

后来，弟弟出生了，父母长辈们自然就把一部分注意力放到了弟弟身上，但这并不意味着他们就忽略了王灿。可是已经习惯成为所有人关注中心的王灿却觉得非常难过。她觉得弟弟抢走了原本应该属于她的关爱。

于是，为了抢夺父母长辈们的关注，王灿开始故意惹事，要么考试不答题，要么故意在学校和同学闹矛盾，要么假装受伤。一开始，大家还会关切地询问，但后来看出王灿的心思

第七课
自爱——如果自由流于放纵,内心的魔鬼就会乘机侵入

后,也就不那么在意了。甚至因为王灿变得越来越能惹是生非,几个原本一直很喜欢她的长辈都开始有些"嫌弃"她了。

王灿的变化引起了老师的注意。经过几次推心置腹的谈话,老师基本上弄明白了王灿的情况。老师告诉王灿,伤害自己或许能够短暂地吸引别人的关注,收获别人的同情,但是不能真正帮助我们赢得别人的爱。一个人,如果连自己都不爱自己、不尊重自己,那么别人也不会爱你,尊重你。只有先学会自爱,我们才能真正获得别人的爱。

后来,老师把这些事告诉了王灿的父母。直到这个时候,他们才意识到,原来这段时间女儿的"状况频频"竟然是出于这样的原因。

在父母和老师的帮助下,王灿最终调整好了自己的心态,又变回了从前那个令人喜欢的"小公主"。她也终于从心底接纳了弟弟的到来,立志做一个好姐姐。

图 7-1 想得到爱就要先学会爱自己

写给孩子的 自我管理课

　　一个在无微不至的关爱中长大的孩子，已经习惯于接受爱，一旦他感觉到自己在他人心中的地位受到威胁或者别人给予自己的关爱减少时，就会不顾一切地去吸引别人的注意力。这种"情感索取"会让他们失去自我。而一个失去了自我的人，又怎能获得别人的爱呢？哪怕别人给予他的疼爱丝毫未变，失去自我的人也不会感觉到的。

　　只在乎自己能否得到别人关爱的人，往往很少去关心别人，甚至从未关心过别人。那些只在乎别人是否爱自己的人，一旦别人关爱他的力度有所减少（哪怕别人给予他们的关爱丝毫未减少，只是他们感觉减少了），他们就会不顾一切，包括用伤害自己身体和他人情感的办法来向对方"索取"。

　　孩子，要知道当你不爱自己时，你也就不会体会到别人的疼爱。正如当你因为贪吃使劲儿地吃辣条时，妈妈会制止你，你的心情如何呢？是不是很烦躁，很不情愿？当你玩着手机正入迷时，妈妈又会制止，你的心情如何呢？是不是皱着眉头，一腔怒火，或一脸委屈地哭了？

　　你觉得妈妈的制止是爱你吗？答案是肯定的，辣条美味，但吃太多会上火；手机好玩，但长时间玩手机会伤眼睛。你看，你的不自爱，是不是也使自己感觉不到妈妈对你的疼爱？

　　孩子，一个懂得自爱的人，才会爱别人，而一个懂得自爱的人，才会感受到别人给予自己的更多疼爱。

第 七 课

自爱——如果自由流于放纵，内心的魔鬼就会乘机侵入

2 自爱是互惠互利，自私是损人利己

当提到自爱这个词语时，你是如何理解的呢？自爱是自己爱自己，心里只有自己吗？比如同学有一本极精美的画册，你想借去看两天，可是同学却不想借给你，你会怎么做呢？曾经有个孩子告诉我："我是一个自爱的人，所以我想得到的东西就一定会得到，我去抢来。"你觉得他是一个自爱的孩子吗？

其实，自爱并不是自己爱自己，那种只爱自己的做法叫自私。简单来区分一下这两个词语。自爱是一种互惠互利的行为，爱自己，也爱别人，别人才会更爱你。而自私是一种损人利己的行为，自私的人生活在自我的世界中，不允许自己吃一点儿亏。

小糖是一个特别以自我为中心的孩子。在她的认识中，世界都得听她的。

一次外出旅游，妈妈想借此机会改变一下小糖太过于以自我为中心的问题。于是妈妈和爸爸商量好来演一场戏。

妈妈问小糖："我们明天去什么地方玩？"

小糖想都没想地回答："迪士尼！"

"可是，小糖，妈妈想在家休息，因为妈妈的脚疼，所以你可以跟爸爸在我们酒店的温泉玩吗？"

"当然不行！我就是要去迪士尼！"小糖气得噘起了小嘴。

165

"可是,妈妈走不了路呀!"

"那你就别去了!"小糖生气地回答。

妈妈听完小糖的话后没有说话。

晚上,妈妈买了一堆吃的,重要的是全是小糖不爱吃的东西。妈妈和爸爸吃得很香。小糖因为不喜欢吃这些食物,就没有吃饱,肚子还是饿得"咕咕"叫。吃完后,妈妈又提议一起去逛夜市。妈妈拉着爸爸的手,小糖拽着妈妈的衣角。爸爸和妈妈走得很快,小糖一溜儿小跑才勉强跟得上。最要命的是,爸爸和妈妈一路说着英语,小糖一句也听不懂。

突然,小糖"哇"的一声哭了,妈妈问:"怎么了,糖糖?"

小糖哽咽着说:"妈妈,你们肯定是不爱我了,不给我吃,不陪我玩,连话也不跟我说。你们说的话,我一句也听不懂。"

"可是,妈妈和爸爸一起玩得很高兴,不就好了吗?"妈妈问。

"不好,还有我呢,你们忘记我了吗?"小糖委屈地说。

"啊?不就应该这样只想着自己吗?"妈妈问爸爸。

爸爸说:"对的,小糖也是自己爱自己的,你没错。"

"哇哇"小糖又哭了。

回到酒店后,妈妈告诉小糖:"孩子,你可以把自己的想法表达出来,那是自己爱自己。但是,自己爱自己也不能自私呀。你为了玩,把妈妈一人扔在酒店,难道妈妈不伤心吗?"

听了妈妈的话,小糖点点头,回答说:"我知道了。妈妈,是我自私了。迪士尼,我可以以后去,但妈妈生病了,不能往

第七课

自爱——如果自由流于放纵，内心的魔鬼就会乘机侵入

后拖。"

你是否也像糖糖那样自私呢？很多时候，父母都在教给我们如何自爱，不能伤害自己、委屈自己，但是，有很多人因为错误地理解自爱，而养成了自私的毛病。自爱是在不伤害别人情感的基础上对自己的约束，一旦过于自爱就会变成自私。所以如何将自爱与自私很好地区分开来，是你需要认真考虑的事情。

图 7-2 寻找"自爱之心"

首先，了解自己，不做损人利己的事情。一日三省，明白自己今天所做的事情是对是错，并且对错误及时纠正，使自己变得更加完美。一个懂得自爱的人，一定是时刻修炼自己的人。

其次，自爱，不仅是完善自己，修正自己的不足，还要懂得如何尊重别人，帮助别人。因为所有人都懂得，尊重是相互的，自爱也要达到"自爱者恒爱之"的境界。

最后，不抱怨，不推卸责任，以低调的态度完善自己，不能以损害别人的利益为基础来获取利益，也不能把别人当作垫脚石而抬高自己。

自爱的孩子，胸怀坦荡，眼界开阔，能够正确地认识、了解、完善自己，并且尊重别人。他们不会做损人利己的事，而是懂得如何做才能够与大家共赢。

3 为什么越来越多的孩子不懂得自爱

爱是什么？是亲情、友情等，是人与人之间的一种关系。如果有人问："你知道什么是自爱吗？"你可能会回答，那就是自己爱自己。是的，自爱是自己对自己的一种爱，更是对自己负责的一种爱。但是，现在很多孩子却不懂得爱，不会"爱"别人，更不会"爱"自己。

父母对孩子的爱是一种亲情。同学之间的爱是一种友情。但无论什么情感，都是双向的。父母爱子女，子女爱父母。同学之间，你关心我，我关心你。此时，如果只是一方付出，另一方接受，那么这种"爱"就是错误的，也是残缺与不健康的。而这种"爱"在社会中却是一个十分普遍的存在。很多人也认为，在这种"爱"下成长的孩子可能会变得自私，或者他

第七课

自爱——如果自由流于放纵，内心的魔鬼就会乘机侵入

们可能会自己更爱自己，更"自爱"。但真实的结果，却不是这样。不懂得爱别人的孩子，往往也不会自爱。

有个小男孩上五年级了，因疫情影响一直在家上网课。因为父母需要上班，便留小男孩在家上课，中午让他去奶奶家吃饭。

图 7-3 "爱"无处不在

本来大家都是相安无事的。但是一件事打破了家庭的宁静。一次，爸爸第二天要出差，于是提前下班回家整理东西。爸爸一到家，第一时间就想给儿子一个拥抱，顺便将刚买的冰激凌给孩子。但一推门，爸爸发现孩子正戴着耳机，聚精会神地打游戏。爸爸便放下冰激凌，一把摘下了孩子的耳机，问："你怎么没有上课？"

小男孩吓了一跳，看着一脸严肃的爸爸，磕磕绊绊地说："我……我……上完课了，玩一会儿就写作业。"

爸爸这才放松下来，说："不要玩得时间太长。来，给你最爱吃的冰激凌，吃了马上写作业。"

小男孩点点头，看了看电脑屏幕上还没有结束的战争。他没办法，只好低头吃冰激凌。

爸爸整理出差用的东西，打开笔记本电脑准备下载一些资料路上看。突然爸爸收到了儿子的考勤记录。近半个月，儿子竟然只上满了两次课，其余都是打卡后没有播放学习。爸爸十分生气，冲到儿子面前，想问个究竟。

小男孩这次不知道该怎么解释了。爸爸打开儿子的游戏记录，竟然天天在线，甚至有时半夜也在线。爸爸的火气越来越大，拿起鼠标，在游戏的注销窗口点了注销。这下儿子可不干了，他一把推开爸爸，大喊："你干吗？"

爸爸说："你以后不许再玩游戏了！"

儿子看着游戏销号的进度条一点点地加长。他的火气也越来越大，攥紧了拳头，一把推开爸爸说："我打了一个月的号，你一下就给我销了！你可以让我没了账号，我就让你再没有我这个儿子。"

小男孩说完，夺门而出。小男孩爸爸担心出事，赶紧放下行李箱追了出去，但已经不见了小男孩的踪影。

小男孩是一时冲动跑出来的，身上连一块钱都没有。等小男孩爸爸反应过来，小男孩已经跑到了一条陌生的街道。看着周围熙熙攘攘的人群，小男孩突然感到很迷茫，不知道自己该去哪里，也不知道怎么回家。

第 七 课

自爱——如果自由流于放纵，内心的魔鬼就会乘机侵入

在街头漫无目的地晃荡了很久，眼看天就要黑了，小男孩突然觉得很害怕，坐在街边伤心地哭了起来。一名巡警看到小男孩，上前询问。得知事情始末后，巡警严肃地教育了小男孩，然后亲自把他送回家。

临近小区时，小男孩突然看到了正四处找自己的爸爸。他看上去非常着急，手里拿着小男孩的照片，拉着路过的人询问。爸爸平时总是梳得一丝不乱的头发已经乱糟糟的，混杂着汗渍和灰尘黏在了一起。

这一刻，小男孩仿佛突然清晰地看到了爸爸黑发中混杂着的白发，以及他眼底深深的疲惫。他猛然意识到，自己的任性真正伤害到的，恰恰是那些真正爱自己的人。一时之间，深深的愧疚涌上心头，小男孩哭着跑向了爸爸。

孩子的不自爱，真正伤害的，只会是真正爱他们的人，以及他们自己。现在越来越多的孩子不自爱，是因为他们没有"爱"人的意识，也从来不会为自己负责。说到底，还是因为父母对这些孩子太娇惯纵容了，让他们以为只要凭借伤害自己的方式，就能"逼迫"父母妥协。然而，这种伤人害己的方式，是非常不可取的。就像任性的小男孩，如果不是运气好遇到巡警，那么谁知道他会遇上什么不可控的危险呢。

孩子，请你学会爱身边那些爱自己的人，也学会自爱。只有这样，你才会懂得什么是真正的自爱，也更能感受到别人的爱。

4 要自爱、自尊，不做过于自恋的孩子

自爱的孩子自尊心很强，从正面来说，这是一种好现象。保护自己的身体，珍爱自己的名誉，这的确是一种好的心态。但是，有些孩子却将自爱理解错了，他们对自己超级喜爱，甚至表现出过于自恋的状态。

孩子，懂得自爱的人会让自己不受伤害，拥有自尊的人会得到别人的尊重。但是，自爱与自尊并不是对于自我的盲目肯定。如果一个人对自己过于偏爱，就会成为自恋。

图 7-4 "水仙花少年"

也许你小时候，因为自己的自我肯定会得到周围人的鼓励，而且你的自恋也许会在性格上占据很大优势，让你更加勇

第七课

自爱——如果自由流于放纵，内心的魔鬼就会乘机侵入

敢。但是，随着年龄的增长，一个太过于自恋的孩子会给人留下一些坏印象。人们会从孩子的修养、形象上去评价这样的孩子，而且这样的孩子也容易形成爱慕虚荣和瞧不起人的性格。

帅帅与晓朋是邻居，帅帅生活在别墅区，而晓朋就住在旁边的单元楼中。两个人小时候经常在一起玩。但是随着年龄的增长，晓朋很少再与帅帅玩了。就连之前几个玩得很好的小朋友也不再与帅帅玩了。

其他小朋友在花园中你追我赶地玩耍，帅帅却一个人在小区中走来走去。为什么当初那些与帅帅玩得比较好的小朋友，现在却与他玩不到一起了呢？

原来是帅帅过于自恋了。他总是对小朋友呼来喝去的。谁要不听话，他就说："再也不跟你玩了。能跟我玩，是我看得起你！"大家小时候都不太计较，帅帅这样说没有关系。但年龄越大，大家对帅帅的意见也就越大，渐渐地就远离他了。

妈妈问帅帅："你为什么不跟小朋友玩了？"

帅帅说："我才不想跟他们玩呢。我家多有钱，他们家要么是工人，要么就是小商贩。跟他们玩，是我看得起他们，不玩更好。"

妈妈皱着眉头想：帅帅自恋的想法真的很危险，会直接影响他将来的人际关系。正所谓"三岁看老"，孩子小时候的自恋性格，如果不及时纠正，长大后再纠正就很难了。为什么原本可爱的帅帅现在变得这样了呢？

妈妈陷入了回忆。她终于想明白了，她自己本就有些自

恋，以自我为中心。帅帅跟着妈妈耳濡目染，也变得自恋起来。再加上自己平日也会跟朋友谈起一些工人、小商贩如何没有素质，帅帅也因此对工人、小商贩产生了偏见。

总之，帅帅的自恋是妈妈一手造成的。好在妈妈发现得并不晚，现在纠正还来得及。

于是，妈妈带着帅帅去参加各种体验活动。在体验活动中，帅帅认识到了自己的不足，并体会到了"人外有人，天外有天"。妈妈告诉帅帅："你的确很优秀，但是比你优秀的人也有很多。你只有更加努力，才能让自己变得更优秀。而且，帅帅的自爱能力和自尊心，是妈妈的骄傲。但自爱不是自恋。自恋的孩子是看不到别人的优点的。妈妈希望，你能看到别人的优点，能向别人学习，这样才能进步。"

帅帅点点头。一回到家，他就给晓朋打电话道歉，并约定要做好朋友，以后一起玩。

孩子，如果你现在已经走到了自恋的边缘，那么赶快纠正一下内心的想法吧。人生在世，每个人都有自己的独特之处，无论哪个行业都有它存在的价值。你可以爱自己，尊重自己内心的想法，但绝不能自以为是，瞧不起任何人。

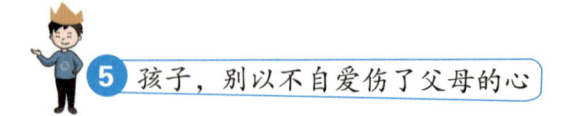

5 孩子，别以不自爱伤了父母的心

生活中，我们可以看到很多这样的报道。很多孩子小小年纪，心态就很不健康，或者以生命作为筹码，来得到自己想

第七课

自爱——如果自由流于放纵，内心的魔鬼就会乘机侵入

要的东西，或者自甘堕落，甚至走向犯罪的道路。孩子这种不自爱的行为，难道只是因为孩子的任性吗？其实父母的责任最大。

孩子，你身边有没有得不到玩具就在地上打滚、哭天抢地的小朋友？有没有不满足自己愿望就开始诅天咒地的同学？有没有因为一个手办就闹离家出走的小朋友？……孩子，对于他们的这些行为，你会怎么样想呢？

其实，他们都是被"宠"坏的孩子。他们的父母没有给予孩子健康的爱，也没有让孩子懂得爱的意义是什么。父母爱孩子，也要教会孩子爱父母、爱别人，更要懂得感恩，明白责任与担当，理解父母的辛苦、他人的付出。

图 7-5 父母托起了孩子的安眠

父母对你的爱当然是不图回报的，但你不能以他们爱你

作为要挟、牵制他们的砝码，他们宠你、爱你，是为了让你更加懂事，更加健康地成长。你应该更加自爱，向父母证明你是他们的骄傲。

安研家境不算太好。但从小爸爸妈妈都非常宠她，不管怎么辛苦，都不愿亏待了安研。所以，其他小朋友有的东西，爸爸妈妈就算省吃俭用，也一定会给安研买。其他小朋友没有的东西，只要爸爸妈妈还有余力，也都会尽力捧到安研面前。

在爸爸妈妈无底线的溺爱下，年幼的安研对自己的家庭情况并不是很了解。她只知道，反正只要是自己想要的东西，去找爸爸妈妈要就能得到。

随着年龄的增长，安研想要的东西变得越来越昂贵。从美味的小零食、漂亮的小发卡，变成了名牌的衣服饰品和昂贵的化妆品。由于安研的欲望已经远远超出了这个家庭的承受能力，爸爸妈妈终于开始拒绝她提出的各种要求。

早已经习惯父母对自己有求必应的安研并没有因此而反思自己，反而觉得，爸爸妈妈一定是不爱自己了，所以才会这么"吝啬"。气愤不已的她偷偷拿走了父母的银行卡，翘课去百货商场把自己心仪已久的东西买了个遍。

晚上回家，安研妈妈得知辛辛苦苦给女儿存的学费以及全家的生活费都被女儿挥霍一空后，气得晕了过去。直到这时，安研才开始慌乱起来。

看着躺在病床上的妈妈和满脸疲惫却还要撑着上班的爸爸，想着医生诊断说妈妈是长期疲劳过度加一时气急攻心才晕

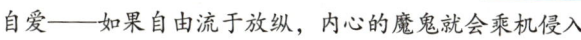

第七课

自爱——如果自由流于放纵，内心的魔鬼就会乘机侵入

倒的，安研心里百味杂陈……

如果一开始，爸爸妈妈没有因为溺爱安研，毫无节制地宠她，满足她的所有欲望，却从不向她坦露家里的难处，那么安研也不会变成如今这个样子。当然，父母有错，但安研也不能说是完全没有责任。如果她能多理解和体谅父母一些，那么也不至于把父母逼到这样的地步。

孩子，你要懂得父母的心。他们把你托在手心，怕你受伤。他们有时也不懂得如何以正确的教育方式来教育你，他们对你的爱只能表现在对你的宠溺上……但是，请你看看父母每天早出晚归有多辛苦，哪怕他们现在非常风光，也需要用极大的精力去经营现在的所有。

孩子，请你理解一下父母对你的爱，你沉迷网络而逃学，他们要没日没夜地去找；你惹祸了，他们得不惜财力、丢面子地去帮你摆平；你失足了，他们又要天荒地老地等你回头！孩子，别让爱你的父母为你伤透了心。你要学会自爱和感恩，用爱来回报父母。

6 从小开始，做一个珍惜人格、爱护尊严的人

"这是我的！我不想与你分享！""请不要动我的身体，我是我身体的主人，请尊重我！""我是我自己的，不要指挥我！"……

这些话你说过吗？如果你懂得自爱，在某些情况下这些

话还是有必要说的。一个懂得自爱的人，一定明白自己是谁，想要什么。懂得自爱的人，也一定是一个珍惜人格、爱护尊严的人。

社会上总有一些人喜欢道德绑架，有些时候会让你觉得手足无措。比如，当有人要你手中心爱的物品时，你并没有打算分享，而他却说："你怎么这么自私，我就是看看，又不想要你的。"你此时可能就会犹豫了。但是，如果此时你按他的说法，不自私去分享的话，你心中是不是也很难过呢？所以遇到这种情况时，你就可以告诉他："对不起，这是我心爱的东西，我不想分享。"

图 7-6　道德绑架

每个人都是有尊严的。一个人的人格更应该是独立的。当一个人侵犯你时，你要勇敢地说"不"，这是自爱的一种方

第七课
自爱——如果自由流于放纵，内心的魔鬼就会乘机侵入

式，也是维护自我尊严的表现。而很多孩子，正因为不会说"不"而受到了很多伤害，最残酷的例子就是校园欺凌。

小珊是一个上初二的女生，很文静。她家庭条件一般，学习成绩也一般。她在班级中属于那种没有存在感的人。

新学期开学第一天，邻床的小姑娘不小心打翻了小珊放在桌子上的一盒饼干。小珊伤心地哭了。大家帮她一起收拾，小珊还是一个劲儿地哭。舍友劝了几句，见她并没有停的意思也就不再劝了。

虽然平时大家知道小珊不爱说话，但不知道她这么不爱说。后来，又发生了几件事，小珊依旧是哭，哪怕舍友将小珊新打的饭端来自己吃，她也只是哭。

有一次，邻班的几个看着很霸道的女同学把小珊堵在了宿舍里，让她交出手中的生活费。小珊哭着交了出来。那几个人走后，舍友说："小珊，我们去告诉老师吧！"

小珊还是趴在被子上哭。舍友急了，大声喊道："你哭有什么用？你刚刚连点反抗都没有。如果你大声喊一声，宿管阿姨也会听见呀！"

之后，那几个女同学又来过几次，抢走了小珊的钱、零食、玩具。小珊家境本就一般，又不敢把在学校发生的事情告诉父母，只得自己默默忍受。直到有一天上课，小珊因为没有钱，已经好几天没吃饭了，在课堂上饿得晕了过去，老师和家长才得知这件事。

小珊的妈妈来到学校，看着面黄肌瘦的女儿，忍不住哭了起来。她一边心疼地抱着女儿，一边恨铁不成钢地骂道："你为什么不说？为什么不说？我每天这么辛辛苦苦地养你，难道就是让你给人欺负的吗！你没有长嘴巴吗，为什么不说，为什么不说？"

小珊也抱着妈妈，崩溃地大哭起来。她哭了很久，才低声说了一句："我不想惹事，不想给妈妈添麻烦，妈妈每天上班又忙又累……"

听到小珊的话，妈妈紧紧地抱住了女儿："傻孩子！妈妈每天又忙又累，就是想让你生活得好一点！结果呢，你把钱给别人了，自己被欺负也不说，你这才是真的辜负了妈妈对你的爱，给妈妈添麻烦啊！"

其实，这类校园欺凌事件并不少见。很多被虐者往往像小珊一样，连自我保护意识都没有。他们总以为，只要自己忍一忍、退一步，事情过去就没事了。但实际上，面对欺凌时，退一步就只能步步退，忍一忍就只能次次忍。如果你自己都不懂得自救，不懂得保护自己的权益，那么别人就更帮不了你。

孩子，只有懂得保护自己的人才会不被欺负，只有尊重自己的人才会被别人尊重。因此，当遇到一些非你所愿的事时，一定要大胆地说"不"，勇敢面对！

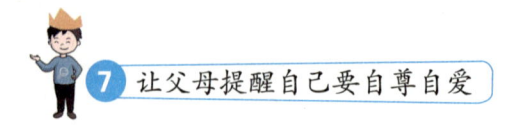

7 让父母提醒自己要自尊自爱

"妈妈，我觉得这件衣服很漂亮，我很喜欢。您给我买下

第七课

自爱——如果自由流于放纵，内心的魔鬼就会乘机侵入

来吧。"女儿请求道。

妈妈看了看衣服的款式，是一款露脐装，下身是超短裙，就像篮球场上啦啦队员穿的衣服，于是对女儿说："这件衣服不是很好看。你刚刚12岁，妈妈帮你选择一件符合你年龄的好吗？"

"不好！"女儿说，"妈妈，我们班有很多人这么穿，不就是露了点儿吗？"

妈妈笑着说："孩子，每个年龄段都有每个年龄段的美。你现在穿学生装，会显得青春、活泼。而这身衣服的确太露了，穿上后会让人觉得你像20多岁的大姐姐。你的青春美就没有了。"

图 7-7　不同年龄阶段有不同的美

女儿点了点头，跟着妈妈向运动装区走去。

这位妈妈的确很会引导孩子。但并不是所有的父母都能够像这位妈妈一样善于抓住孩子的内心来疏导。很多时候爸爸妈妈觉得孩子做法不对时，往往会直接说"不"。这种断然拒绝，让很多孩子，特别是叛逆期的孩子感到很不舒服，甚至会叛逆地一定要那样做。

孩子，其实只是你的父母不太会疏导，有时候教育方法有些生硬。但是，父母的判断往往是正确的。比如，他们反对你早恋，是因为早恋会使你分神，影响学习；他们反对女儿穿着暴露，是因为社会上有一些坏人会对女孩子不怀好意；他们反对你打游戏，是因为你太过于沉迷不仅耽误学业，更伤身体……

总之，你现在的年龄尚小，不足以独自做出全面且正确的判断。所以此时你需要人生的导师帮你一把，而父母就是距离你最近的导师。无论他们是导师般地疏导，还是严师般地批评，你都可以从他们那里获得帮助，以此判断自己的行为是否正确。而且父母也是最爱你的人，他们绝不会将你引向错误的道路。

13岁的乔娅是一个十分漂亮的女孩子，正处于青春萌动的叛逆期。她的父母是工厂工人，没有什么文化。乔娅从小就像小公主一样被宠爱着，吃穿都要争第一。因为乔娅父母每月赚的钱还是不少的，又只有这么一个女儿，所以十分娇惯她。

乔娅最近对文身十分感兴趣，便告诉妈妈她要文身。妈妈说："不要了吧，你还有一年毕业。不是说好了，将来要考军校吗？部队是不要文身的孩子的。"

乔娅笑了笑说："妈妈，你哄小孩子呢？"说完，拿着钱就走了。妈妈急得赶紧给爸爸打电话，爸爸在附近找了一圈儿，也没有找到乔娅。原来乔娅文身后就直接睡在了同学的家里。

第二天傍晚，乔娅回到家。爸爸一直没睡，一见到她就大发脾气："你昨天干什么去了？"

"我文身呀，后来就在同学家睡了。"

妈妈吓了一跳，赶忙问："男同学还是女同学？"

"女的！"乔娅白了妈妈一眼，也没理会发脾气的爸爸，自顾自地回到了自己的房间。

爸爸在门外对乔娅说："一个女孩子，要洁身自好，不能在别人家里过夜，也不能随便在身上画什么。明天洗了去！"

"不！"乔娅隔着门大喊，"我就不。同学都文了，我也要文。我还要去酒吧，你不让我干什么，我都干！"

爸爸气急了，一边砸门一边大声骂道："你多大的人了？读这么多书都是白读了？哪个好人家的女孩子会像你现在这样！"

听到爸爸的话，乔娅也很生气，猛地拉开门，冲着爸爸大吼道："你又懂什么？小学都没毕业的人，文盲！野蛮人！除了砸门、骂我，你还会什么！你这个暴力狂！"

女儿的话深深地刺伤了爸爸的心。看着乔娅满脸愤怒轻蔑的样子，爸爸握紧的拳头缓缓放了下来，无力地看了乔娅一

眼，闷着头转身离开了。

看着爸爸远去的背影，乔娅心里有些后悔自己说出的话，但又拉不下脸去道歉，便闷闷不乐地回屋了。她心里安慰自己："爸爸妈妈就是太老土了，哪里有他们说的那么严重。他们什么都不懂……现在年轻人都这样……这很正常……"

漂亮的文身让乔娅在学校炫耀了好一段时间。渐渐地，她发现文身所带来的，还有很多不便。许多不认识她的人看到她的文身后，都会用一种十分微妙的眼神看她，就好像看到了坏人一样。就连原本和乔娅关系很好的小伙伴，也被家长勒令不许和她一起玩了。

后来，学校里不知是谁传出了流言，说见到乔娅和一群小混混去酒吧，还学会了抽烟喝酒。因为这事，乔娅没少被老师找谈话，身边的朋友也都渐渐疏远了她。直到这个时候，乔娅心里才开始真正后悔……

自尊即自我尊重，自爱即珍爱自己，自尊自爱是一种健康良好的心理状态，也是我们获得别人尊重与赞赏的基础。一个人永远不要为了一时的痛快、内心的虚荣而丢掉自尊自爱，不要等一切都无法挽回时再后悔。

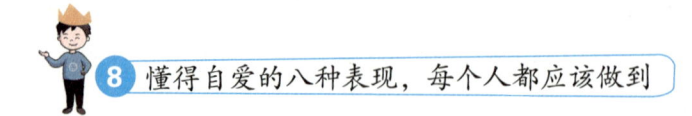

8 懂得自爱的八种表现，每个人都应该做到

自爱不是自恋，更不是自私，那自爱是什么呢？其实自爱的人有这样八种表现：自主、自尊、自制、自知、自省、自

第七课
自爱——如果自由流于放纵，内心的魔鬼就会乘机侵入

强、自立和自我实现。当你有这样八种表现时，你便是一个懂得自爱的孩子了。

第一，自主，简单来说就是有自己的主见。很多时候，因为爸爸妈妈的爱、老师的责任心，会让你有过分的依赖感，你渐渐地就会变得失去主见。而一个缺乏主见的孩子，是没有办法选择自己正确的方向的。

相传在两千年前，燕国寿陵地方有一位少年，见什么学什么，学一样丢一样。虽然少年学习的知识花样翻新，却始终不能做好一件事。有一天，他听说邯郸人走路姿势很美，便决定去邯郸学习人家走路。

图7-8 自爱的八种表现

到了邯郸，他觉得小孩走路活泼，老人走路稳重，妇女走路摇摆多姿，男子走路步伐矫健。他便一会儿跟着这个学，

185

一会儿又跟那个学。半个月光景过去了,少年谁的走路姿势也没学会。最后少年连自己走路的姿势也不会了,路费也花光了,只好爬着回去了。

这个故事出自《庄子》,名为"邯郸学步"。这个少年就是因为一味地模仿别人,最后丢失了自我。一个缺乏自主性的人,最终将会一事无成。

第二,自尊,也就是做人的尊严。无论年龄大小,都要有做人的尊严。当一个人缺乏自尊时,他就会变得自卑。人必须要看得起自己,才会被别人看得起。古人云:"知人者智,自知者明。胜人者有力,自胜者强。"一个懂得自尊的人,能够隔绝外部的很多干扰,也不会自甘堕落,而且他会及时地调整自己的脚步,朝着自己的目标不断前进。

第三,自制。自制是一种自我约束,可以有效地控制自己内心的欲望和情绪。孩子,在你的学习和生活中有很多事情是需要你用自制力来对抗的,比如写作业时看电视的冲动,早晨起床时懒惰的困扰等。一个有自制力的人,往往具有很多优秀的品质,而这些品质就是他未来取得成功的利器。

第四,自知。自知是一种自我反思。一个人只有将自己看得明白了,才能正确地处理自己所面对的事情。比如,学校要举行歌唱比赛,你明明不会唱歌却偏要报名,结果上台后唱得一塌糊涂,受到了同学们的嘲笑。此时,你会怎么想?是怪同学们嘲笑吗?当然不是,正是因为你的不自知,才给自己带来了困扰。人要有"自知之明",才能弥补自己的欠缺,才能将自己更优秀的一面展现出来。

第五，自省。《论语》说："吾日三省吾身：为人谋而不忠乎？与朋友交而不信乎？传不习乎？"一个懂得自省的人，肯定是总在进步的人。每天的自省，就像考试中答完题后的检查，可以将这一天自己的行为做一次回顾，哪些好的习惯应该继续坚持，哪些缺点需要认真改正，还存在哪些问题需要解决。

第六，自强。自强是一种自我的强大。小时候，孩子的强大往往来自家人的鼓励、别人的肯定，但这些并不是一直存在的。一旦失去别人的肯定，你便会丢失自我。所以只有自我强大，才更为有效，也更加持久。只要你的内心强大了，遇到再大的困难，你也可以抗过去。

第七，自立。自立是自己的事情自己做，也就是凡事有自己的主见。人的自立是有一定的前提条件的。只有你具备了足够的智慧，你才能明辨是非；只有你拥有了足够的能力，你才能独立完成事情。所以自立的前提是充实自己。如果你想成为自立的人，就一定要变得足够优秀。

第八，自我实现。这个词语来自马斯洛的需求理论，自我实现是人生最高层次的理想和需求。一个人走向成功的过程，其实就是自我实现的过程。天空有多高，鸟就可以飞多高，只要它不自己阻挡自己。当你进入实现自我价值这个层次时，你便离成功不远了。

当你拥有了这八种表现时，你便是一位懂得自爱的人了。

自爱者从不会妄自尊大、自夸自傲,也不会妄自菲薄、自暴自弃。一个懂得自爱的人,无论他现在的成绩如何,他都会正视自己,为成为优秀的自己而努力。

第八课

自勉——将来的你，一定会感谢现在拼命努力的自己

你不努力，永远不会有人对你公平，只有你努力了，有了资源，有了话语权以后，你才可能有为自己争取公平的机会。

——俞敏洪

写给孩子的自我管理课

1 能不断自勉的孩子，总能创造奇迹

自勉就是自己勉励自己，是一种自我增强力量的方式。一个能够不断自勉的孩子，会不断地创造出一个又一个奇迹。我们都知道，人要有目标。当人的目标难以实现的时候，能够自勉的孩子就可以迅速地觉察到自己的不足，从而通过学习提高自己的能力。也正因为这样，他们才会创造出令人意想不到的奇迹。

西汉著名的思想家董仲舒少年时为了专心攻读，刻苦勤勉、孜孜不倦。他时刻勉励自己要认真学习。在他的书房后面，有一个美丽的小花园。他一回头就可以看到花园中的美景。但是，他告诫自己，一定要专心。三年时间，他一直不停地勉励自己，从来没有进花园看过一眼。

鲁迅先生，你不会陌生吧？他少年时代为了告诫自己要勤奋，在桌子上刻下一个"早"字，时刻提醒自己要努力。之后，在中国人"病重"的情况下，他又写下了"横眉冷对千夫指，俯首甘为孺子牛"的句子来勉励自己奋斗到底。

每一位成功的人，一定是能够自我勉励的人。他们可以在松懈的时候约束住自己，也可以在低谷时给自己加油。

李晓雷自上学以来，一路都是玩玩闹闹过来的。他其实是一个很聪明的孩子。但是没有人管着他学习，也没有人给他施加压力。他就只顾着玩儿，一点儿也不专心学习。

第八课

自勉——将来的你，一定会感谢现在拼命努力的自己

图 8-1　自勉

　　所以从小就是妈妈管一管，晓雷的成绩就升一升，妈妈不管了，晓雷的成绩就下来了。后来，上了中学开始住校，脱离了妈妈的督促，他就像一匹脱了缰的野马一样，成绩直线下滑，连续两年待在全班倒十名的"宝座"上。无奈之下，妈妈只好向学校为他申请了走读，才使他在初三时学习成绩渐渐恢复，最后勉强过录取线，考上了一所重点高中。

　　上高中后，学校要求学生必须住校，不允许走读。李晓雷又"疯"了，拉朋结友，逃课玩游戏，老师不允许的他全做了。但是，高二时的一次经历让他有了一个大转变。

　　原来晓雷升入高二后，妈妈接到单位通知，需要到乡下去支援一年。本想着去陪读的妈妈愁得直哭，晓雷却不以为

意。他告诉妈妈:"你去吧,我好好学习不就行了。"再三思考之后,妈妈决定哪怕自己再辛苦也要天天回来。

于是,妈妈向晓雷学校申请了晚自习后的陪读。5点下班后,妈妈要开车两个多小时从乡下回到学校附近的住处,给晓雷做饭,陪他学习。一个多礼拜,妈妈就瘦了一圈。晓雷看着妈妈日渐消瘦的脸庞心里很不好受。就在他想跟妈妈说不用陪读的时候,妈妈出事了。妈妈在上班的路上与一辆大车相撞,受伤住进了医院。

晓雷都不知道自己是怎么跑到医院的。他趴到妈妈身上大哭。他恨自己为什么不能自制,恨自己非要让妈妈管着自己才学习……妈妈醒后,笑着对晓雷说:"没事儿,不哭。"晓雷哭得更厉害了。

从那天开始,晓雷就像变了一个人一样,每天认真地完成每一项学习任务。偶尔上课走神儿或者作业不专心时,他都会掐自己一下,提醒自己专心点儿。晓雷课桌的书架上,还贴着一句话:"不能让爱你的人为你受伤!"

晓雷的转变是因为妈妈的受伤,但真正使他进步的原因是他学会了自我勉励。当一个人懂得自勉之后,他就找到了真正的自己,也明白了自己的目标和自己的位置。因此他们才会创造出别人眼中的奇迹。

第八课
自勉——将来的你，一定会感谢现在拼命努力的自己

2 靠别人打气才能前进的孩子，很难"走得远"

如果你需要到荒岛上生活一周，你会选择带着什么一起去呢？第一，生存必备品；第二，足够的食物；第三，几个朋友。

图 8-2　荒岛求生

这是一个简单的小测试，可以从中判断出你平日的生活、学习习惯。如果你选择生存必备品，那么你是一个自制力很强且有开拓精神的孩子；如果你选择足够的食物，那么你的性格之中多少会有懒惰的成分，但你知道自己想要什么；如果你选择几个朋友，那么说明你的依赖性还是很强的，并且你对一些

193

困难的预判也不强。

我们身边人的性格特征各有不同,而且人的性格也直接决定了他对生活、学习的态度。其中,依赖型性格的人是所有人中对自我认识最不足的。他们生活、学习的动力完全来自于周围人的反应。如果有周围人的鼓励,他们就会信心十足;如果周围人给予否定,他们便会纠结其中,而无法做出正确的决定。

刘晶晶是个很优秀的小姑娘,小学阶段连续六年获得"三好学生"称号,老师和同学都很喜欢她。但是,上中学以后,刘晶晶天天昏昏沉沉的,学习成绩也渐渐地落后了。

老师对刘晶晶现在的状态很是担忧,便进行了一次家访。

在家访过程中,刘晶晶很是热情,情绪也很好,像变了一个人似的,乖巧懂事。老师将刘晶晶的状态给晶晶妈妈说了,还特意播放了一段视频。视频中晶晶一副心不在焉的样子,上课也是皱着眉头。甚至拿个铅笔,她也会左挑右选,一会儿 HB 一会儿 2B 地选来选去。

老师走后,妈妈问晶晶到底是怎么了。晶晶说:"妈妈,我不是不用心学习,我就是感觉现在住在学校里,做什么事儿也没有人管我,我都不知道自己做得是对是错。还有,老师也不像小学老师那样说'你真棒',同学也不像小学同学那样说'晶晶你好厉害',我听不到你们的肯定,我就总觉得我做得不对……"

晶晶说着就哭了,妈妈听了,抱起晶晶说:"孩子,妈妈、

第八课

自勉——将来的你，一定会感谢现在拼命努力的自己

老师、同学都不会跟你一辈子的，你不能靠着别人的肯定去生活、学习呀。你得相信自己，你得学会自己鼓励自己。"

晶晶点点头，说："嗯嗯，我知道，妈妈，但我心里总觉得不舒服。"

"那是因为以前你过分地依赖于别人的鼓励了。一个成功的人，从来不是靠别人说'你真棒'才会成功的。他一定是在自我鼓励中充满自信地努力生活、学习。"妈妈告诉晶晶，"宝贝，坚强起来，自信点儿。要学会自己给自己打气，你才能做得更好。"

晶晶过于重视别人对自己的看法，因此别人的看法便很容易扰乱她的情绪。没有了妈妈的鼓励，她感觉自己像一只离线的风筝，没有了根基。妈妈说得对，路是要自己走的，怎么能将自己的未来寄托在别人身上呢？

谁都希望得到别人的肯定，因为在别人的鼓励声中能够体会到很大的成就感。但是，人不能一直活在别人的鼓励声中。一旦别人的声音消失，你就像完全失去了动力一样，那么怎能取得更大的进步呢？

孩子，学会自己鼓励自己，给自己打气吧。当失败时，你要告诉自己："没关系，下次继续努力！"当成功时，你要告诉自己："你真棒，你会更棒！"不要将自己的未来寄托在别人身上，只有给自己打气的孩子，才能够走得更远。

3 每个成绩优异的孩子,都一定很努力

很多时候,我们看到一个明星突然就出名了,站到了聚光灯下,就会用"一夜成名"来形容他。仿佛给人的感觉就是,他十分好运气,一下子就出了名。其实,我们只不过是看到了结果,根本没有看到过程。俗话说:"台上一分钟,台下十年功。"没有什么"一夜成名",无论是哪一位成功者,都有着一个艰苦努力的过程。

图 8-3 每一分成绩背后都有很多努力

第八课

自勉——将来的你，一定会感谢现在拼命努力的自己

班中有很多成绩优异的孩子。有些孩子，我们时时都会看到他的努力，便会觉得他的成绩是因为他的勤奋刻苦换来的。但是，还有些孩子，我们并不会看到他有多勤奋，便会觉得聪明也会让人成绩优异。其实，这些聪明的同学也都有努力的过程，只是你没看到而已。

程程和刘晓是同桌。程程是一个很努力的孩子。每天的学习时间，他都安排得满满的。这次期中考试，他又考出了历史新高，进入了班级前5名。但是，他看到排名后似乎一点儿也不高兴。他说："我很奇怪，我现在已经十分努力了，为什么成绩还是比不过刘晓？每天也不见他有多努力，可一考试他就是第一名。难道我真的比他笨吗？"

的确，从综合成绩上来看，程程和刘晓算得上势均力敌。但几次考试下来，程程的名次却始终都没有超过刘晓。班里同学对刘晓的评价也是"天才儿童"。大家都觉得刘晓是不用学习就可以考得很好的那种学生。而大家对程程的评价是"他很努力"。因为大家常常看到他为了学习，推掉了很多的课外活动。

虽然他们两个都没有什么问题，成绩也都优异，但同学们却常常把他们放在一起比较，结果就是刘晓聪明，程程笨。程程对此十分介意。

但是，大家看到的只是表面现象。其实刘晓的成绩，也是凭着刻苦努力考出来的。只是他的努力没有程程那么明显而已。每天早上晨练时，刘晓一边跑步，一边背单词、课文。活

动课时，刘晓坐在操场上，从口袋里拿出一沓小卡片，时而背诵，时而认真思考。这些小卡片的内容十分丰富，有诗歌、古文、名言、公式、错题等。

而且，刘晓一直保持着预习和复习的好习惯。每次学习新课，他都会做好预习。而每天晚上，他一定会将今天的学习内容再次复习一遍。

刘晓的努力是"藏"起来的，而程程的努力是"显"出来的。所以两个人都是很努力的人，而努力的人成绩又怎么会不优异呢？

时间对于每个人都是公平的。当你利用好每一分钟时，你便知道努力是什么了。许多成绩并不理想的同学，总会将责任推卸出去："我不聪明。""我听不懂老师说什么。""这题目太难。"……其实，每句推卸责任的话中都隐藏着一句话："我不努力。"

成绩不好、课程太难，可能是因为基础薄弱，也可能是因为专注力差，还可能是因为没有做好预习和复习等。无论哪种原因，都可以通过自身的努力来提高自己。但是，很多同学却没有注意到这一点。他们只顾着埋怨、自暴自弃，从来没有想要通过自己的努力去搏一把。

你需要知道，任何人只要找对方法，肯付出努力，都能成为成绩优异的尖子生。你学不好，这并不意味着你的先天条件比别人差，很有可能只是你比别人少了一些努力的结果。

第 八 课

自勉——将来的你，一定会感谢现在拼命努力的自己

4 从小养成自勉的习惯，成就精彩人生

你有没有发现，你写作业时，如果老师或者父母站在身边，你会更加认真，思路也很清晰。但是，如果你自己一个人写作业时，就会觉得思路混乱，或者出错率高。这是什么原因呢？因为人有这样一个特征，当有人监督时，他们的认真程度也会增加。不过，人如果只凭着别人监督自己，那么别人的激励是无法对你起到长久的推动作用的。因为没有一个人可以永远站在你身边，并且一直激励你。

真正的成功者，是可以自己激励自己的人。一个人只有具有了自我勉励的能力，才有了持之以恒的动力。就像登山一样，过程中总有那么一刻不想再向上爬，只有自己咬紧牙关坚持着，才会一步一步地向上走，才会不断地提升自我，最终站在高山之巅。

人们只有像登山者一样，坚持着一步步地提升自我，才能最后站在高处，一览绚丽多彩的风光。当然，坚持，需要一种支撑着自己，决不向命运低头的精神力量。而这种力量正是来自于心灵深处富有想象力的自我激励。

在五代时期，有一个名为范质的人。他读书刻苦，时刻告诉自己要努力。当别人都轻松快乐地聚会游玩时，他还是坚持在闷热的屋子里读书。

终于，功夫不负有心人，范质通过科举考试，成为朝中的一名官员，衣食无忧。但是，此时他并没有放纵自己，依旧手不释卷地读书。朋友看他刻苦学习的样子，劝他说："你现在还这么努力干吗？你已身为官员，衣食不愁，再读书又有何用？"

范质说："我曾经遇到过一位可以看面相的人。他说我面带宰相之相，日后应该可以坐上宰相之位。我也觉得这是十分可能的，所以我现在要更努力地读书，让自己的学问更渊博，将来如果我坐上宰相之位时，也可以在辅佐天子、治理天下时做到从容不迫呀！"

图 8-4 "我信自己的努力"

第 八 课
自勉——将来的你，一定会感谢现在拼命努力的自己

也许当时相士只是随口一说，为了博得一个好彩头。也许相士真的从范质的面相中看到了宰相之相。这些都不重要，重要的是范质一直拿"日后成为宰相"这个目标来自勉。有了这个奋斗目标，他天天充满了斗志，也会因此每天更加努力。

当然，后来范质真的做了宰相，而且是后周和北宋的两朝宰相。范质相信了相士的面相之说，因此对未来充满了希望。当然，如果范质只是相信面相之说而不努力，想必当他身居宰相之位时也无法胜任吧。由此可见，面相并不重要，重要的是面相之说成了范质成功的载体，成为他自我勉励的动力源泉。

孩子，学会自勉并不是什么难事，只要在心中设立一个目标，并以此目标不断地激励自己。当自勉成为一种习惯时，也就注定了你必然能够成就精彩的人生。

《聊斋志异》是我国历史上著名的志怪小说大师蒲松龄的作品。你知道吗？这位大师的一生并没有那么顺利。他一生坎坷，屡遭不幸。

蒲松龄小时候聪慧过人，19岁以第一名的好成绩通过了县、府、道的考试，中了秀才。当时的学使和县令都对他十分器重。但是，当他再继续往下走科举之路时，却没有那么顺利。31岁时蒲松龄仍是一个入学生员，没有博得一个功名。

在一次次打击之后，蒲松龄放弃了官场，开始浸心于写作之中。他将自己的一生所得所感写入了小说《聊斋志异》中。为了勉励自己，他在自己的镇尺上刻下：

有志者，事竟成，破釜沉舟，百二秦关终属楚；

苦心人，天不负，卧薪尝胆，三千越甲可吞吴。

蒲松龄以项羽和越王勾践来激励自己专心写作。他相信有志者事竟成，也相信苦心人天不负。最终他完成了这部令今人惊叹的奇书。

孩子，没有一个人的一生完全是一帆风顺的。困难是无处不在的，因此，不要怕，遇到挫折时莫放弃，遇到困难时闯过去，你一定要时刻告诉自己：我可以！

5 成长路上，能一直鼓励你的，只有你自己

有一条活泼的小溪，它的源头在大山深处。最开始时，它总是盘旋在大山身边，觉得这样才会更安全，也觉得现在很快乐。

小兔子从它身边路过，说："小溪，你为什么总打转转？大山外面的森林可好看了，你要不要去看看？"

小溪说："不要，我怕我离开大山的怀抱就干涸了。"

小鸟从它身边路过，说："小溪，你为什么总打转转？大山外面的城市可热闹了，你要不要去看看？"

小溪说："不要，我怕我离开了大山的怀抱就干涸了。"

小鱼在小溪里跳跃着，说："小溪，你为什么总打转转？你带我去看看大海吧，我听人们说大海很广阔。"

小溪说："不要，我怕我离开了大山的怀抱就干涸了。"

第八课

自勉——将来的你，一定会感谢现在拼命努力的自己

小兔子跑去看森林了，小鸟飞去了城市，小鱼也跟着游人一起去看大海了，只剩下了在大山身边盘旋的小溪。它觉得自己孤单极了。但是，它真的没有勇气走出大山。

孩子，看完这个故事，你觉得你是小溪吗？你是不是还在依赖爸爸妈妈的鼓励，而不能自主呢？很多孩子就像极了那条小溪，离不开温暖舒适的小窝，不敢去闯一闯，觉得自己离开家人的呵护什么也做不了。

图 8-5 "小溪呀小溪……"

其实，你是可以的，人生的成长之路，还得靠自己去走。别人的鼓励只是暂时的，唯一能使自己一路向前的，只有自己的力量。

媛媛是家中最小的一个孩子，从小就很机灵，大家都很

喜欢她。媛媛的优秀从来不是依靠别人，都是靠她自己一点一滴的努力得来的。

初三的课程很重要，很多家长都为孩子选择了走读，一来可以为孩子报辅导班提高成绩；二来孩子在家可以给予其更好的照顾和加强营养。媛媛同宿舍的人相继办理了走读，媛媛却没有任何行动。

妈妈打电话来问媛媛是不是需要走读，媛媛说："妈妈，您上班也很辛苦，我可以自己学习，不需要上辅导班。再说了，我们宿舍现在只剩我自己了，我说了算，想学到几点就几点，想玩什么玩什么。您就放心吧。"

就这样，媛媛一个人在一间六人的宿舍中努力着，困了用凉水洗一下脸，饿了啃块面包。终于她以优异的摸底考试成绩被重点中学提前录取，也就是说她比其他同学早放假一个月。

媛媛也没有浪费这一个月的时光。她借来了高中所有的课本，提前学习了高一课程，尽早地熟悉了高中的各科知识。妈妈在一旁看着，眼泪都流下来了。

媛媛发现妈妈站在后面默默地哭，说："哭什么，您不为女儿的优秀感到骄傲吗？妈妈，我长大了，您养我童年无忧，我就要还您老年无虑。"

一个真正强大的人，从来不是在别人的支撑下变得强大的。人生一路前进，能永远鼓励你前行的人，只有你自己。媛媛做到了，你可以吗？

第八课

自勉——将来的你，一定会感谢现在拼命努力的自己

6 逐渐不依赖父母长辈对自己的鼓励

"宝贝，你真棒！""孩子，遇到困难没有关系，一定要加油哦。""坚持宝贝，你要坚持住！"……

你从小就是在爸爸妈妈的这种鼓励下长大的吧？那真是很幸福的事。有了爸爸妈妈的鼓励，你战胜了很多困难。当你遇到困难、取得成绩时，首先想要告诉的人也是爸爸妈妈。只要他们能为你加油、助力，你便会觉得勇气倍增。

图 8-6 "没有你我怎么办"

但是，孩子，如果爸爸妈妈没有及时地鼓励你，你觉得你会怎么样呢？你还会拥有这种自信吗？你可以做到遇到困难

不慌张、不气馁，获得胜利不得意忘形吗？

　　我想，现在你已经陷入思考了吧？其实，爸爸妈妈的鼓励可以让你成长、助你成功，但是你也要学会自我勉励。当你真正可以自己给自己打气了，你才是真正成长了。

　　刘小畅是一个在蜜罐里泡大的孩子。她是一个乖乖女，遇到什么事情都会找妈妈，哪怕今天穿什么衣服也需要妈妈准备好。

　　小学二年级时，小畅的短跑总是不达标，体育老师让她多做练习。她自己一个人坐在跑道上哭，就是不肯练，结果快学期末了也没达标。无奈之下，老师将小畅妈妈请来。妈妈说："我家小畅是顺毛驴儿，你们得多夸着点儿。"于是，妈妈陪着小畅一起做练习。妈妈陪着练习了一周，小畅的体育成绩终于达标了。但是，妈妈却因为小畅丢了全勤奖。

　　六年级时，小畅的期中考试成绩取得了年级第三的好名次。她兴奋极了，一路跑回家向爸爸妈妈报喜。但是，因为当时妈妈出差，爸爸需要照顾生病的奶奶，家里的气氛十分凝重。小畅给爸爸汇报了成绩后，爸爸只说了句："知道了。"

　　就这么一句话，让小畅哭了整整一夜。她觉得爸爸没有夸奖自己，是因为爸爸不爱她了，而且对她的成绩并不关心，那她学习还有什么用。

　　后来，小畅便开始听课走神儿，作业马马虎虎。马上要进行小升初考试了，大家都忙着复习，她却天天追星。最后，她与重点中学失之交臂。

第八课

自勉——将来的你，一定会感谢现在拼命努力的自己

上不了重点中学，普通中学离家又远，而且又不能住校，所以爸爸只能出钱让她上私立学校。但是，问题又来了，上了中学的小畅开始住校，要么跟舍友闹别扭，要么抱怨食堂饭不好吃。刚刚上了一个月小畅就闹着退学。

最后，爸爸妈妈只好自己受点儿累，让小畅上了普通中学，爸爸天天负责接送。虽然爸爸受了很多苦，但是小畅高兴极了，因为她觉得自己受了重视，活得像个小公主。

孩子，自己的人生需要自己去奋斗，不要像小畅那样，总是依赖爸爸妈妈。不依赖他人，你便会懂得承担责任，也会真正自信地面对挫折。最重要的是，你不再受到他人情绪的影响，你的明天，掌握在自己手中。那时，你就是生活的主人，未来的强者。

7 抓住勉励自己屡创佳绩的关键

人都有这样一个特点，喜欢乘胜追击，当取得一次成功之后，便会信心大增。这就是兵法中说的"夫战，勇气也。一鼓作气，再而衰，三而竭"的道理。所以，我们一定要抓住一些可以勉励自己再创佳绩的机会，不要浪费一点儿"士气"。

豆豆是个6岁的小男孩儿。他最近迷上了象棋，总是嚷着要爸爸陪他下棋。但是几次后，豆豆突然就不想下了。爸爸问他原因，他说："爸爸太厉害了，我总是输，没意思。"

妈妈劝他说："你初学输棋是很正常的。时间长了之后，

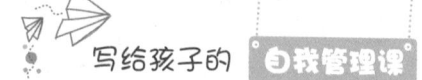

你就会找到诀窍,赢爸爸了。"

豆豆却说:"怎么可能?爸爸是大人,我不可能赢他的。"

妈妈说:"爸爸是很厉害,要不妈妈陪你?妈妈也喜欢下棋。"

这个提议让豆豆兴奋地拍起手来。原来他并不是不喜欢下棋,而是下棋之后输棋的感觉让他退缩了。豆豆也知道,妈妈的水平和自己差不多,所以很乐意接受妈妈的请战。

下棋过程中,妈妈举棋不定,苦思冥想。豆豆则在一旁悄悄地玩儿。最后,妈妈还是输得很惨。豆豆高兴地大喊:"我终于赢了!"

豆豆一兴奋就去找爷爷一起下棋。爷爷笑眯眯地看着孙子,哪里还管棋的输赢。本来在小区战无不胜的爷爷在孙子面前又是让棋,又是悔棋。几次下来,小豆豆也算赢了几盘。这下把他得意坏了,决定再练习一段时间就去挑战爸爸。

一周后,豆豆发出了请战书,爸爸积极地来应战。虽然在爸爸这里输得多,几乎也没赢过,但豆豆再也没有嚷着不玩象棋。

这就是"胜利者效应"。当一个人取得胜利后,他就会对接下来要做的事情更加有信心,也会更加重视。同样的道理,如果在生活中我们可以抓住成功的关键点及时勉励自己,那么一定会有更多的成功在等待着我们。

抓住胜利的关键点很重要,抓住机会也很重要。机会不

第八课
自勉——将来的你，一定会感谢现在拼命努力的自己

是随时都有的，有些时候一旦失去就不会再回来。因此平日的自勉是为了当机会到来时可以快速地抓住，不错过机会。

图 8-7 "胜利者效应"

珍妮是一位很优秀的小姑娘。虽然她今年刚上初一，但是做事很有条理，也想得很周全，很多成年人都比不上她。比如，她每月都会制订计划，每周会有针对性地修改已经制订好的计划，所以她从五年级开始，已经学会了古筝、钢琴、吉他等，也考了许多相关专业的等级证书。她每周都要去舞蹈室跳两次舞，一来锻炼身体，二来可以调节下学习压力。再如，她是一个未雨绸缪的孩子，无论是学习还是有什么活动，她都会提前做好一切准备。有人问她，为什么能想得这么周全？她总

会说："我心里有一个想法，那就是'永远不要被突然打败'！"

她是一个懂得自勉的孩子。无论遇到多大的困难，她也不会被打趴下。有一次，学校开运动会。她被体育委员拉去报了跳远比赛。她不擅长运动，体育委员找她也只是为了凑个人数，谁也没指望她能拿个名次。但她觉得，既然做一件事，就一定要做到最好。

于是，接下来，她成了学校操场边沙坑的"常客"。几乎每天都能看到她在那里训练，弄得满身都是沙子。在运动会上，她取得了跳远比赛的第三名，这让所有人都震惊不已。

每当人们问珍妮为什么对自己这么严格时，珍妮总是笑而不语。因为她知道，自我勉励是做给自己看的，是给自己打气的，并不是拿出去让别人品评说道的。

机遇不是天天都有，也不是看你准备好了才会来。机遇来的时候，往往会让人感到措手不及。如果你没有时刻勉励自己不放弃的习惯，你将会错过成功的最好时机。有很多人总盼着自己好运的到来，但是当真正的好运气一波接一波地到来时，他们却没有办法抓住。原因是什么呢？因为他们没有接住这些好运的能力。

孩子，《定军山》中有这样一句唱词："头通鼓，战饭造；二通鼓，紧战袍；三通鼓，刀出鞘；四通鼓，把兵交。"战鼓擂起，不要退缩，勉励自己，努力抓住机会，你便抓住了屡创佳绩的关键。

自勉——将来的你，一定会感谢现在拼命努力的自己

8 想成为善于自勉的孩子，先做到这四点

孩子，你懂得自勉了吗？最初，我们从父母、师长那里得到了鼓励和肯定。你会发现，当别人鼓励自己时，你就会一扫疲倦，精力立刻就变得十分充沛。

久而久之，你便习惯得到别人的肯定。当别人批评、否定你时，你便会感到情绪低落，做任何事情都没有心情。从心理学上说，这是你自我价值肯定的需求。但是，如果你过分地依赖于别人的肯定和赞同，那便会极容易受到别人情绪的干扰，对你的成长也十分不利。

高翔就是一个自我价值肯定需求极强的孩子，他极容易受到别人的影响。

最近高翔突然对物理学习特别上心，还买了两套物理试卷。下课时，同学们都去玩了，高翔还在做物理试题。原来他有一位新邻居，是市重点高中物理老师。前段时间，邻居看到他写的物理作业，于是夸他的物理好，有天赋，还说高翔一定能考上他们学校。于是，高翔便十分刻苦起来，一天几份试卷地练习，也从来不说累。

但是，还没有半个月，高翔便把试题扔到了一边。他还给同学们说再也不想学物理了。原因是他拿着试卷找那位物理老师请教问题，老师的儿子对高翔说："你一个初中生，找我爸爸问问题，真是可笑。你连这种题都不会，还要学物理！"

当时，高翔也是为了再次得到那位老师的表扬才去请教问题，没想到遭到老师的儿子的讽刺，最重要的是那位老师也没有再次表扬他。

后来，高翔又因为别人夸他个子高而喜欢上了篮球，因为别人说他手指长而非要学钢琴……但是，无论哪一项，他都没有坚持太长时间。他的每次半途而废，也是因为别人的讽刺或者否定。因此，一直到现在，他在班中的成绩依旧平平，爱好也没有发展起来。

图 8-8 如何成为善于自勉的人

一个人不能被别人的言语、情绪所左右。因为别人说什么太不可测了。而且，过于依赖别人对自己的评价，不正如活在别人的世界里吗？所以，你一定要学会自勉。当遇到挫折和

第八课

自勉——将来的你，一定会感谢现在拼命努力的自己

困难你可以自我勉励时，你就会发现自己变得强大了。如何成为善于自勉的孩子呢？你至少要具备以下四个条件。

第一，有目标有方向。

你是不是有过这样的体验，当你去一个陌生的地方时，你会感觉路程很长，而回家时却感觉路程很短。那是因为陌生地方的目标不清晰，而家的目标很明确。当一个人拥有明确的目标之后，他就会拥有充足的动力，也可以时刻告诉自己要不断地前进。

自勉就是在有目标的情况下而进行的"自我打气"。这就像一场长跑，当你被路边的风景吸引时，自勉可以告诉你，前方的路还长；当你被绊倒时，自勉可以告诉你，站起来，你最棒；当你跑步达到运动极限时，自勉会告诉你，挺过去，你可以……

有目标就会有方向，有目标就会有自勉的能力。

第二，增强意志力。

此处的意志力，指人面对别人评价时的自我认识力。人间百态，人们对一件事物的认识能力也是各种各样的。所以当面对别人的评价时，要坚持自己的观点，不要被别人的观点和情绪左右。

就像女孩子都喜欢打扮自己，但现在很多女孩子以个性为美。你是随波逐流，还是坚持自我呢？其实，女孩子最美的打扮就是青春。当你拥有青春的朝气与活泼时就是最美的，而那种所谓个性只会让你显得很突兀。此时，你一定要告诉自

己，你最美，以顽强的意志力战胜内心的小萌动。

西汉名相陈平，年少时家里贫困，自小与哥哥相依为命。但是自从有了嫂嫂之后，他好像成了多余的人。特别是他整日读书，不参加任何劳动，嫂嫂觉得他是个只吃饭不干活的拖累。陈平也因此受到嫂嫂的不公平对待。

但是，为了家庭和睦，陈平不想将此事告诉哥哥。他告诉自己：只要坚持读书，早晚会有出头之日，到时嫂嫂就不会再说自己无用了。

嫂嫂见陈平隐忍不但没有因此罢休，对他反而是变本加厉了。终于，他忍无可忍，离家出走。哪怕浪迹天涯他也要坚持读书。

哥哥听到弟弟出走的消息后，痛心不已。他后悔自己没有早点儿发现情况，以致弟弟这么委屈。他赶紧四处寻找，终于把陈平找了回来。陈平回来后也没有与嫂嫂过多计较，劝哥哥也不要计较嫂嫂的做法，说以后一家人会和睦相处。

陈平的隐忍和大度在当地传为美谈，吸引了一位学识广博的老先生。在老先生的教育之下，陈平的学业突飞猛进。后来陈平遇到了刘邦，辅佐刘邦成就了一番霸业。

人的意志力是无限的。无论遇到多大的困难，只要你保持本心，坚持下去，终有一天会拨开乌云见到太阳。

第三，勇于挑战。

自我勉励是一种困难时给自己加油的能力，更是一种挑战精神。很多人喜欢极限运动，因为它充满了挑战。挑战成功

第八课
自勉——将来的你，一定会感谢现在拼命努力的自己

之后，人们得到了成就感和满足感，这是在平时的工作和生活中无法达到的。但是，极限运动往往令人胆怯而不敢参与。因此，当你首次挑战极限运动时，你的第一步很重要，只要勇敢地迈出了第一步，胆怯心理就会消失，你就会享受挑战成功的满足感。所以，只有勇于挑战才能得到更大的收获。

第四，不言失败。

一个懂得自我勉励的人，从不会低头服输。因为面对困难时，他们有着勇于挑战困难、克服困难的勇气。他们从来不说"失败"，因为他们有着再次起航的能力。

其实，每件事情都是这样，在达到成功的那一点之前都会遇到这样那样的困难，随时都可能让你承认失败。此时，你一定要告诉自己"挺过去，你可以"，才会体会到"山重水复疑无路，柳暗花明又一村"的快感。

孩子，人生路漫漫，需要你自己去闯一闯。当你登上巅峰时，回头来看，那些小山丘原来那么渺小。